Méditation
du Dimanche
Matin
Livre de Coloriage pour se Détendre

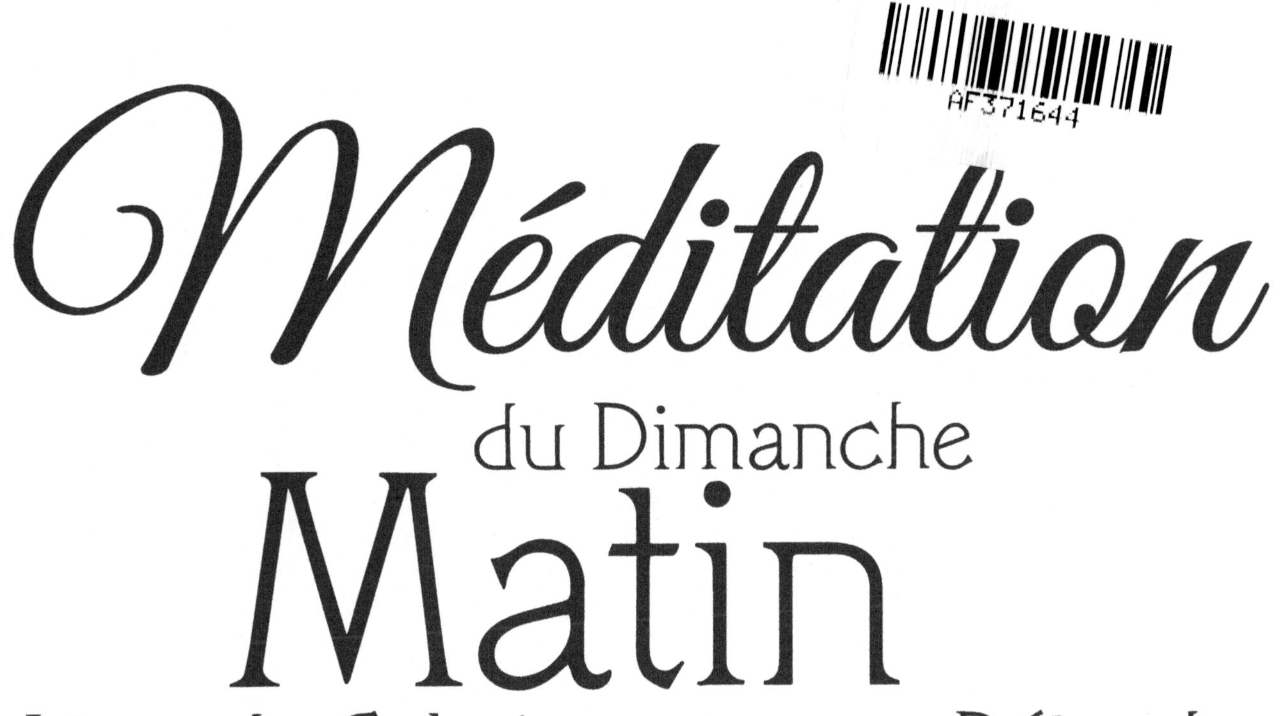

Coloring Bandit

Publié par Speedy Publishing Canada Limited

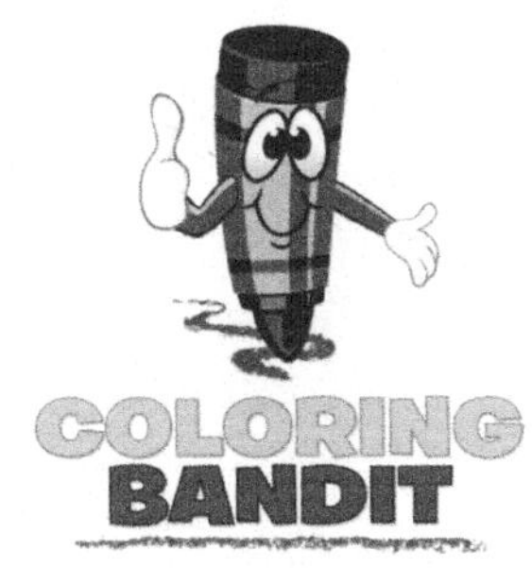

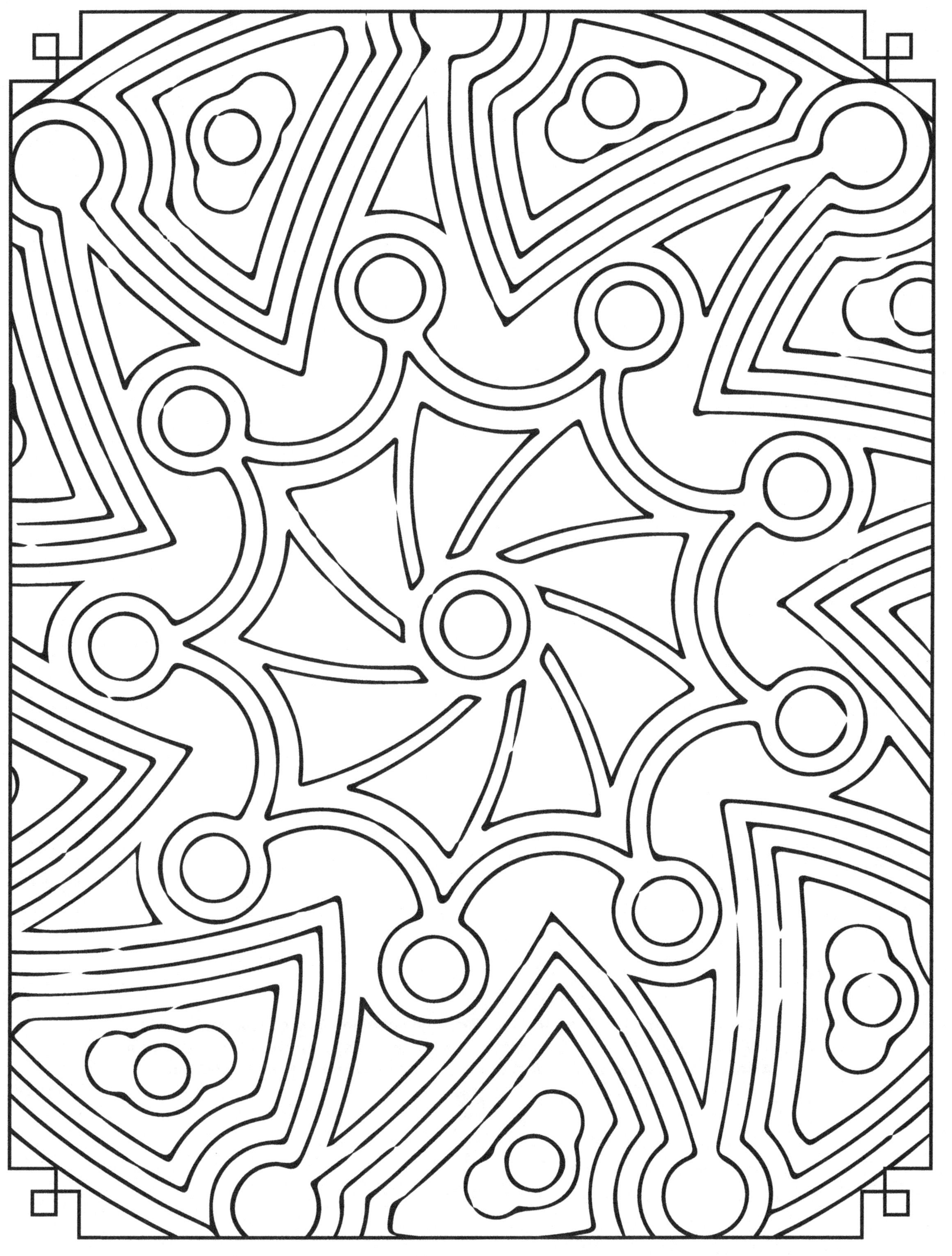

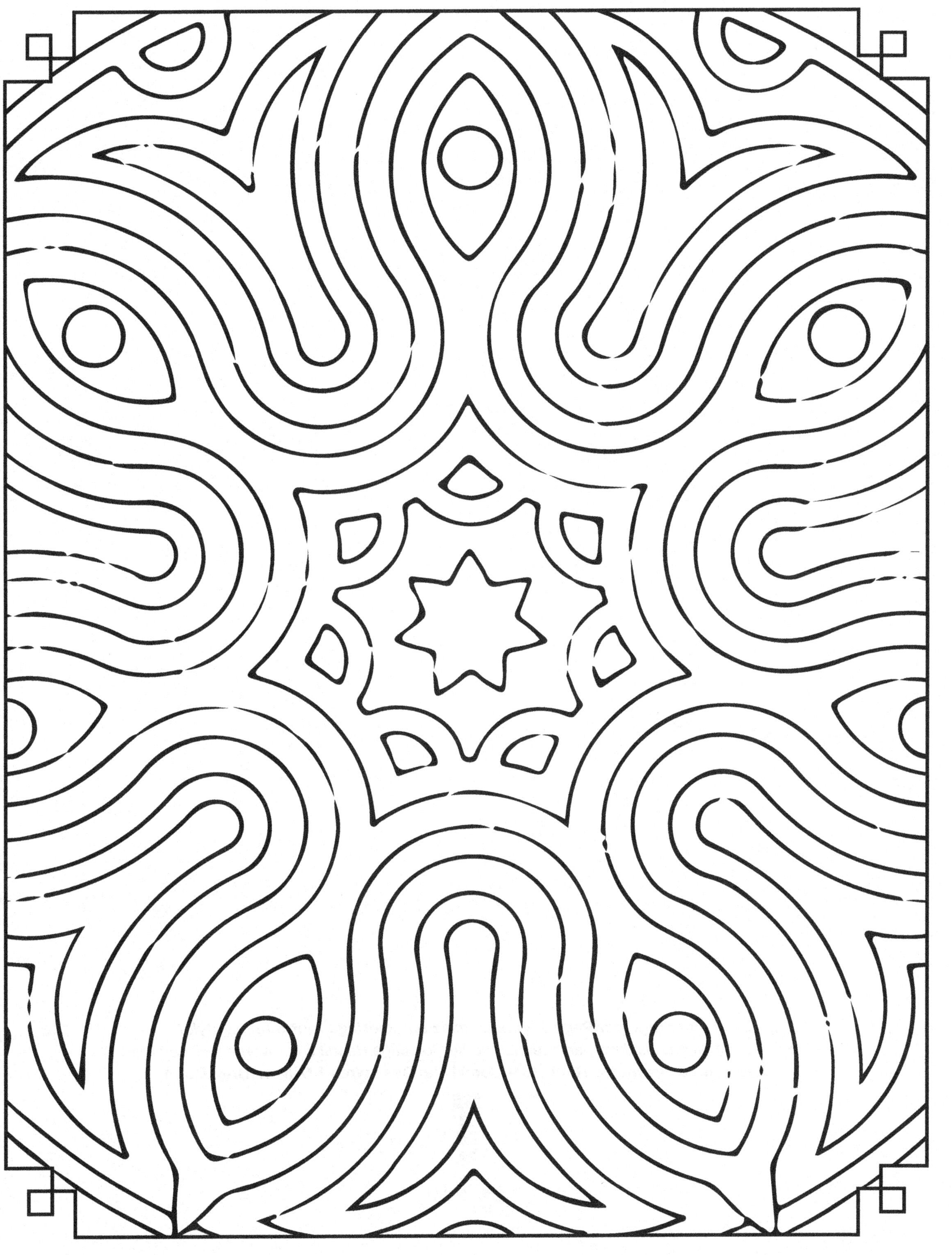

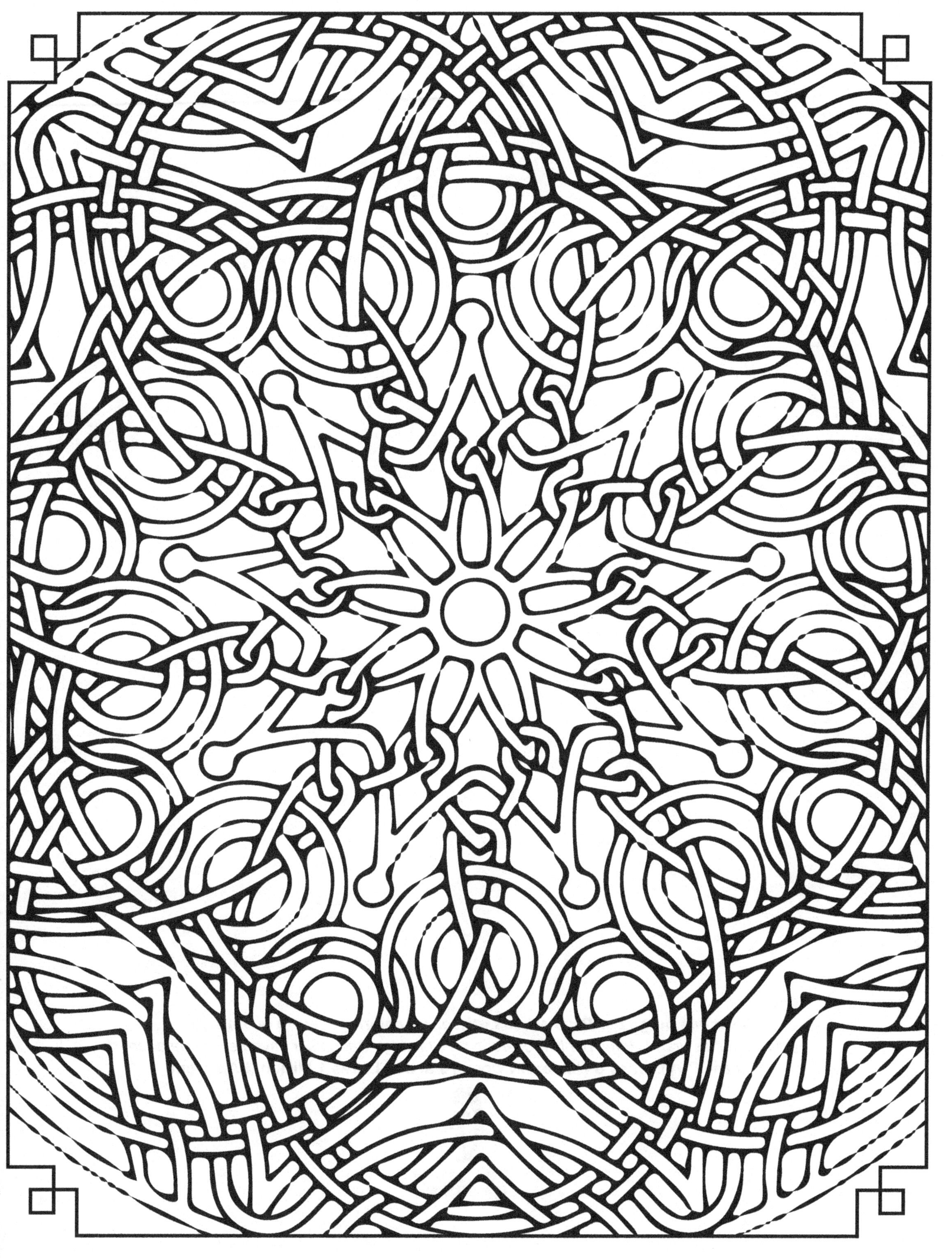

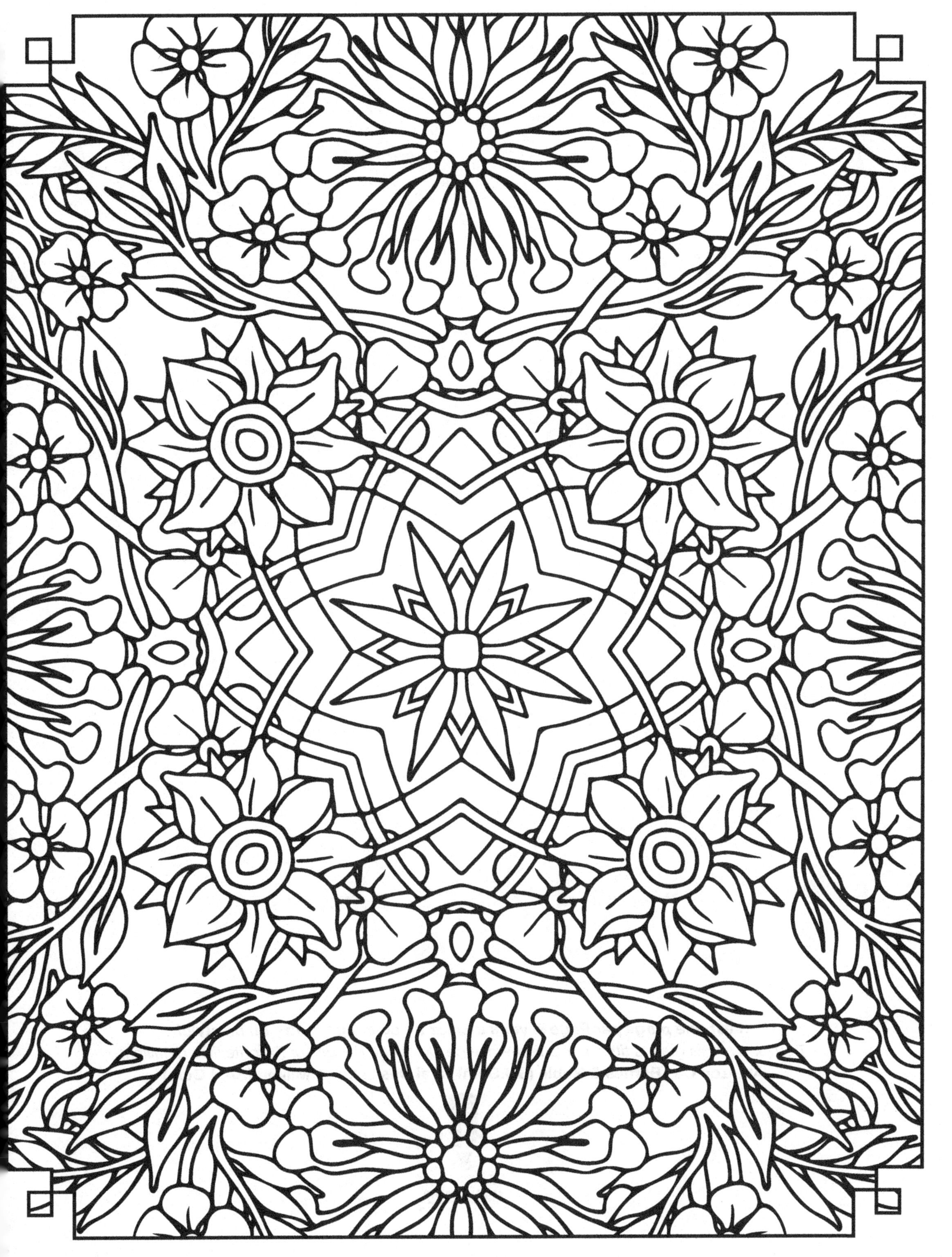

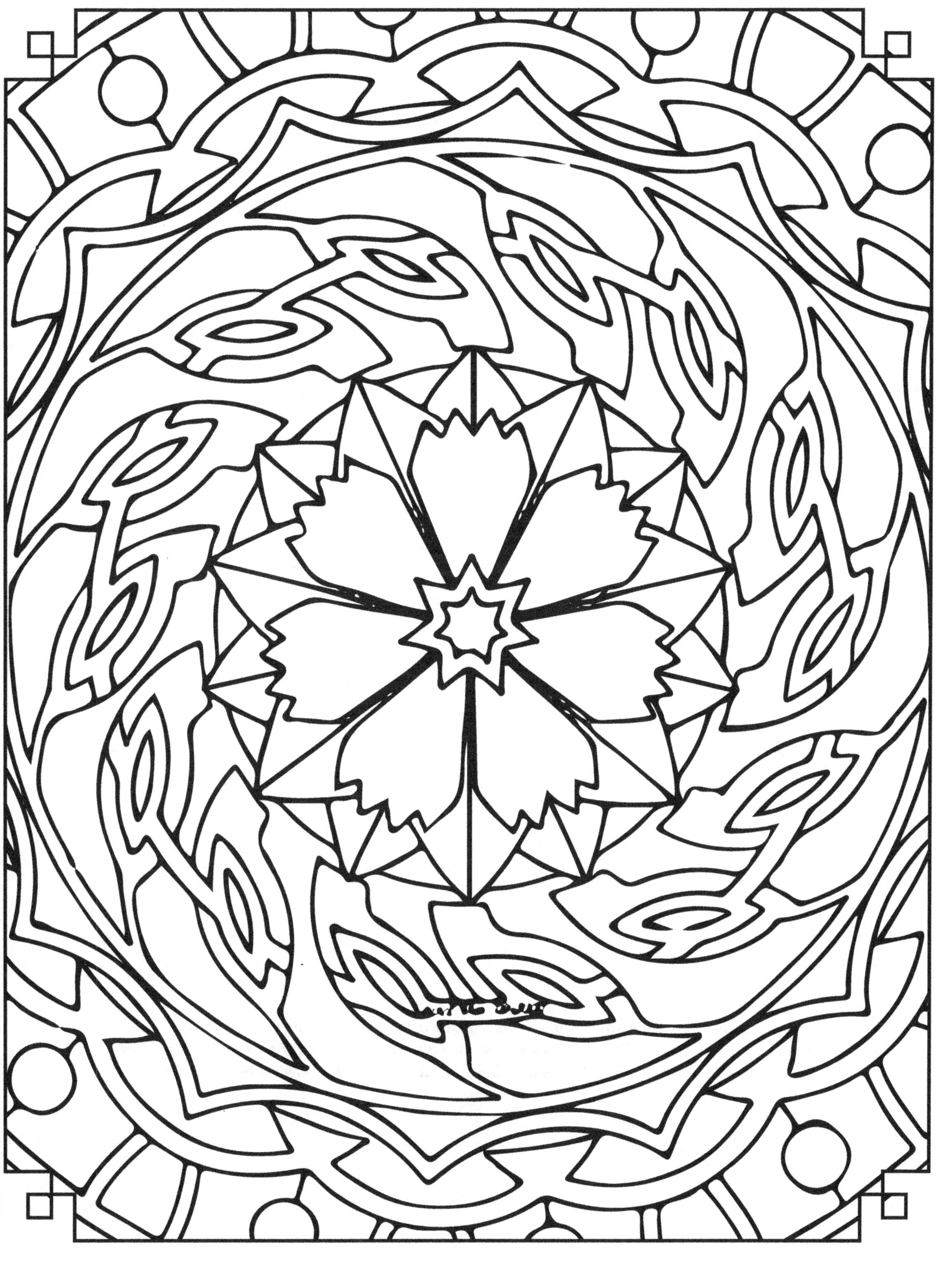

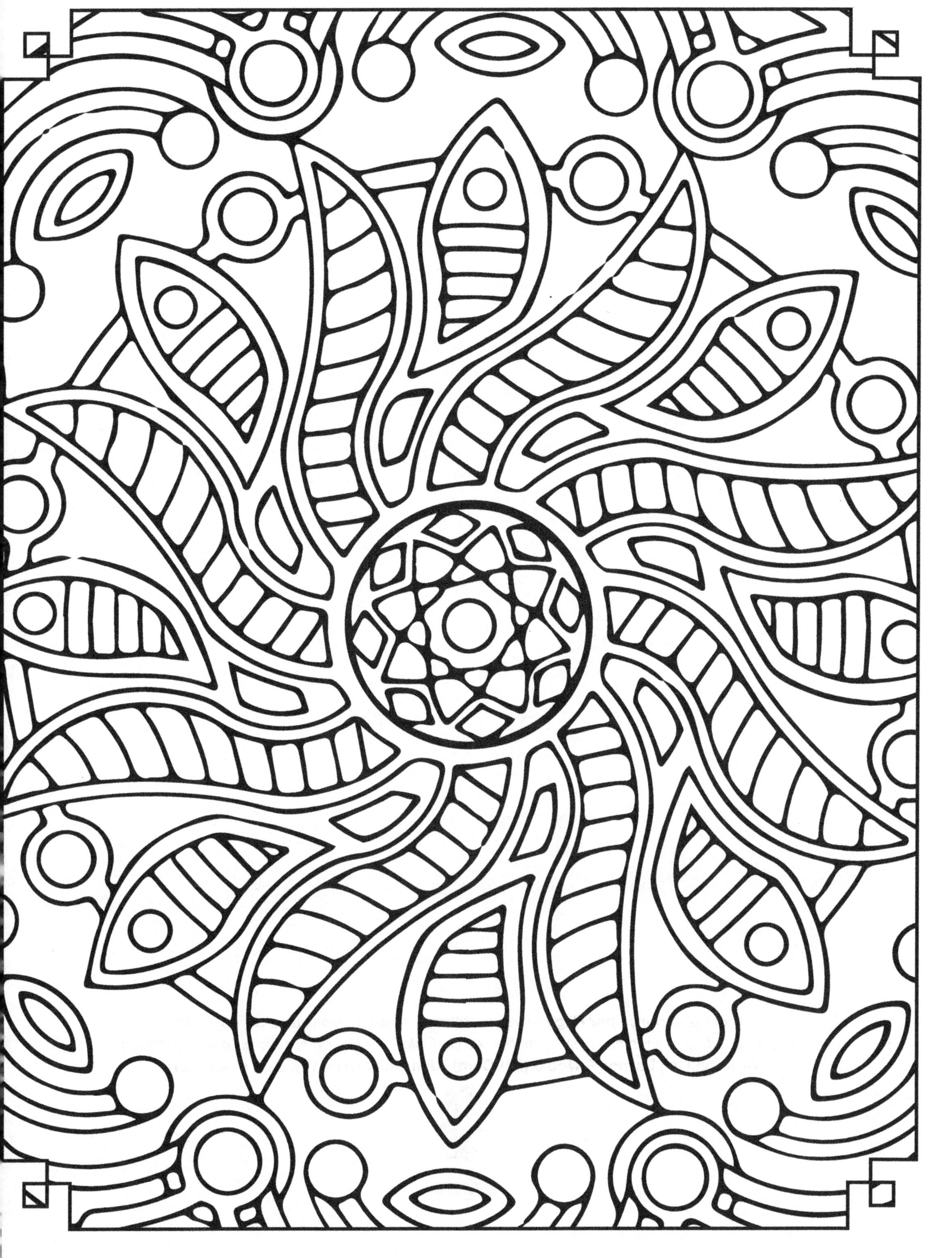

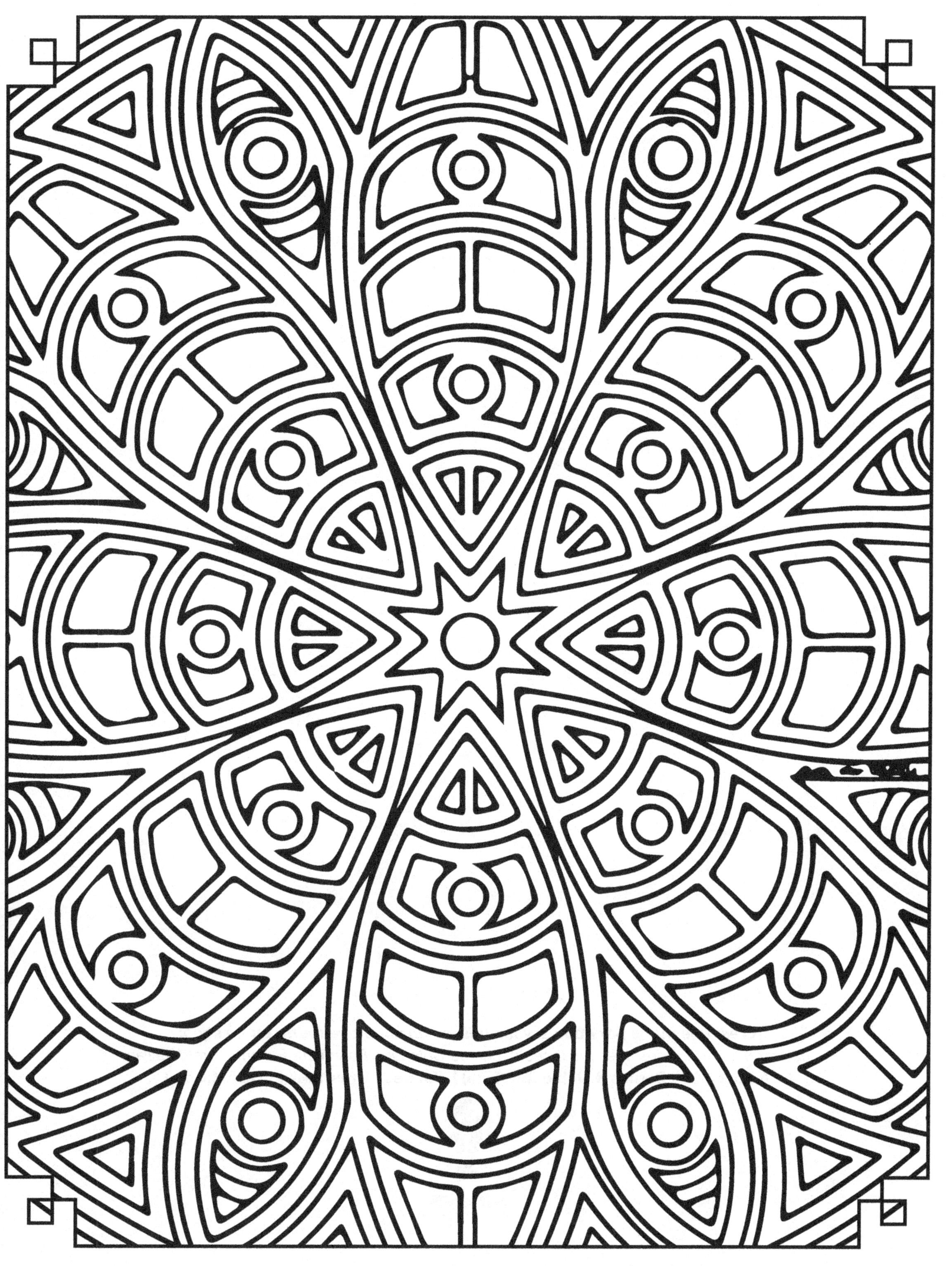

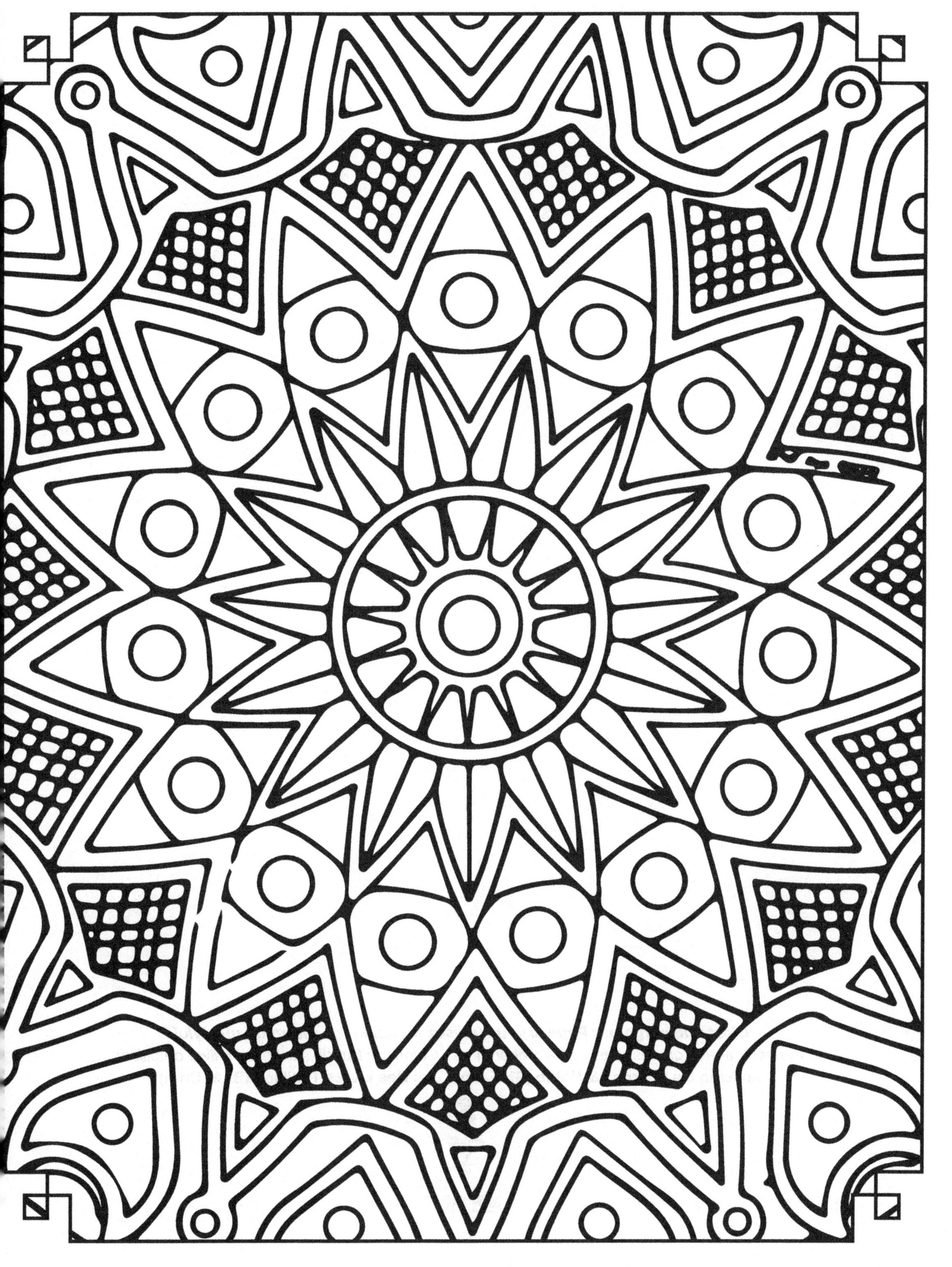

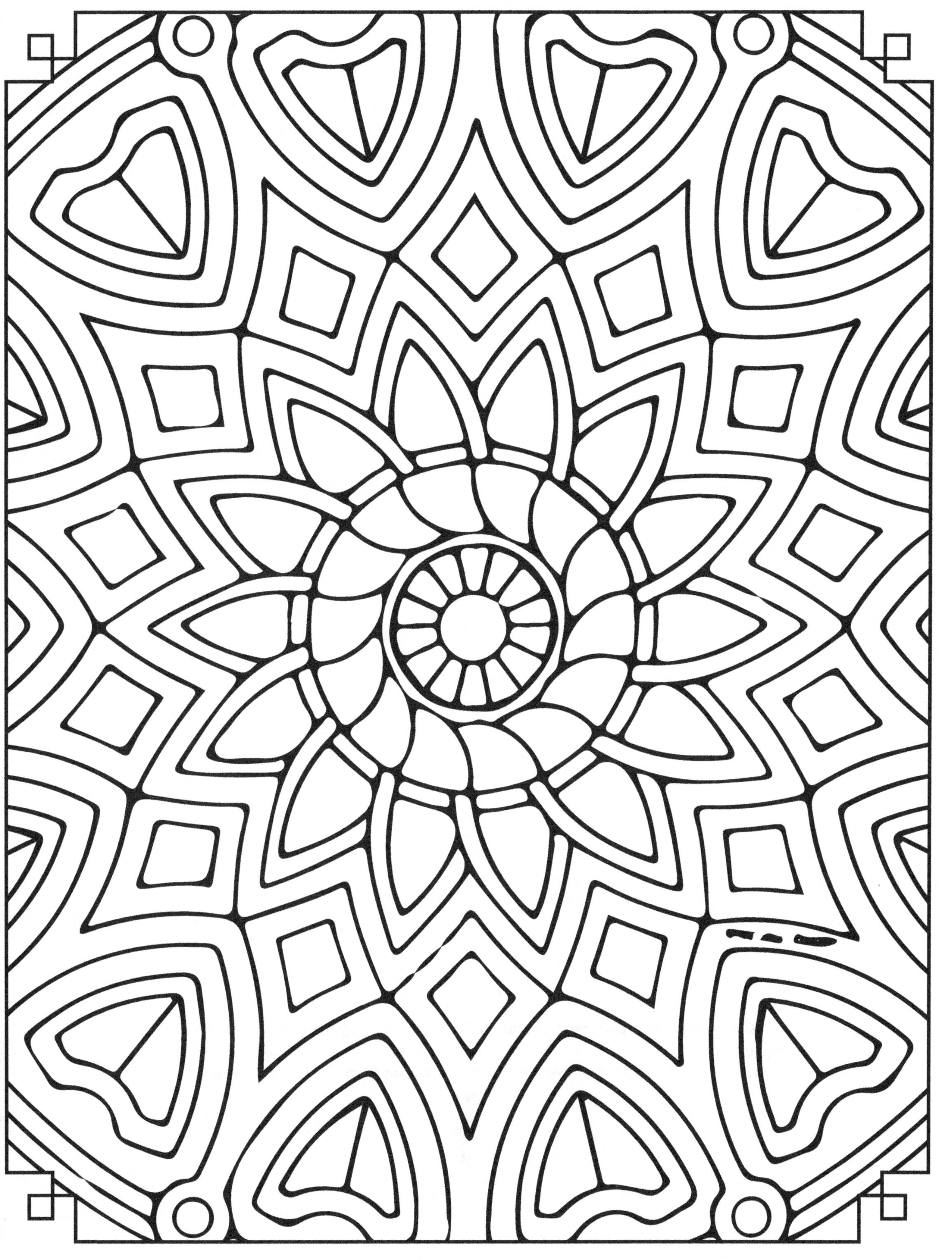

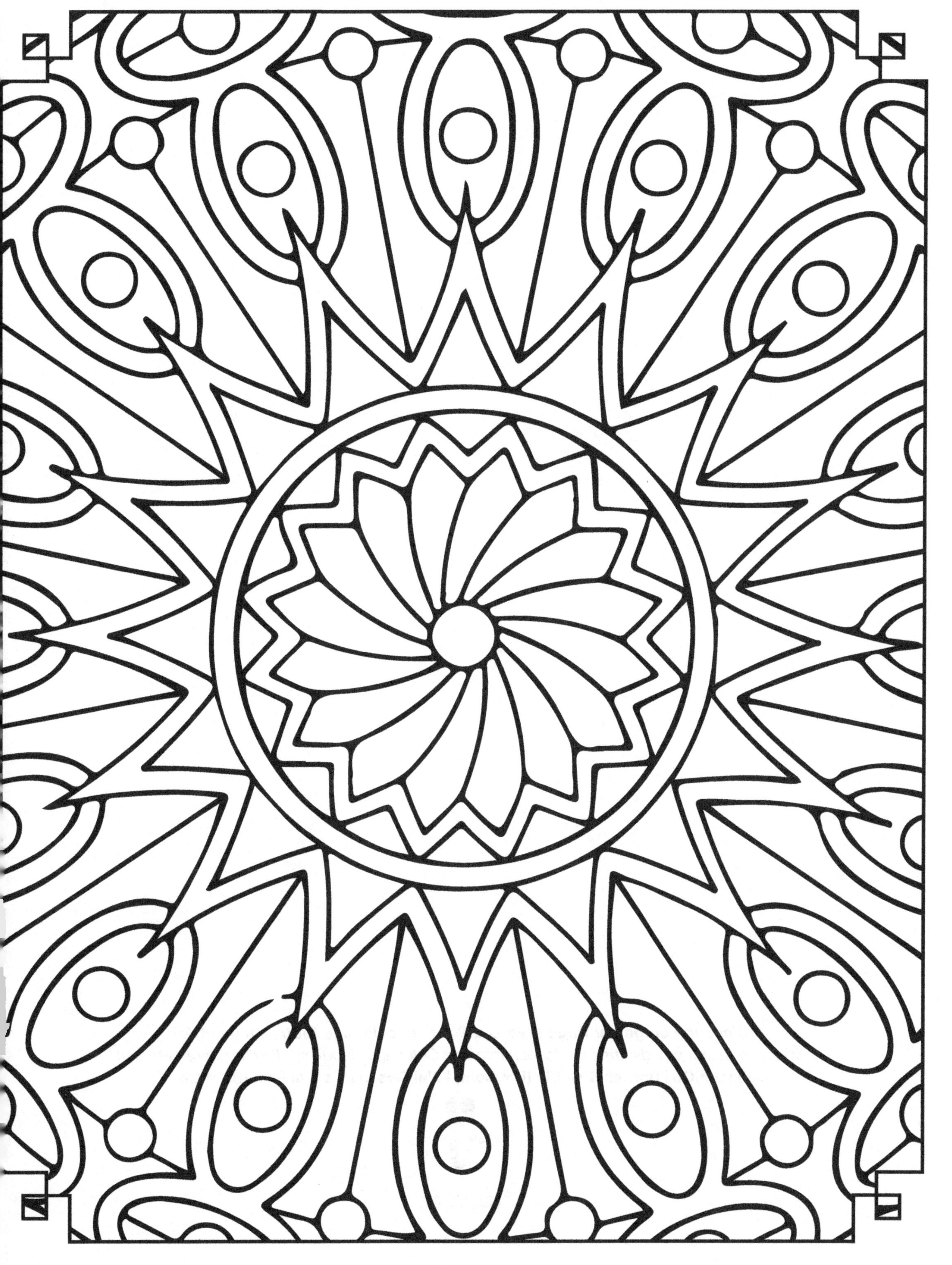

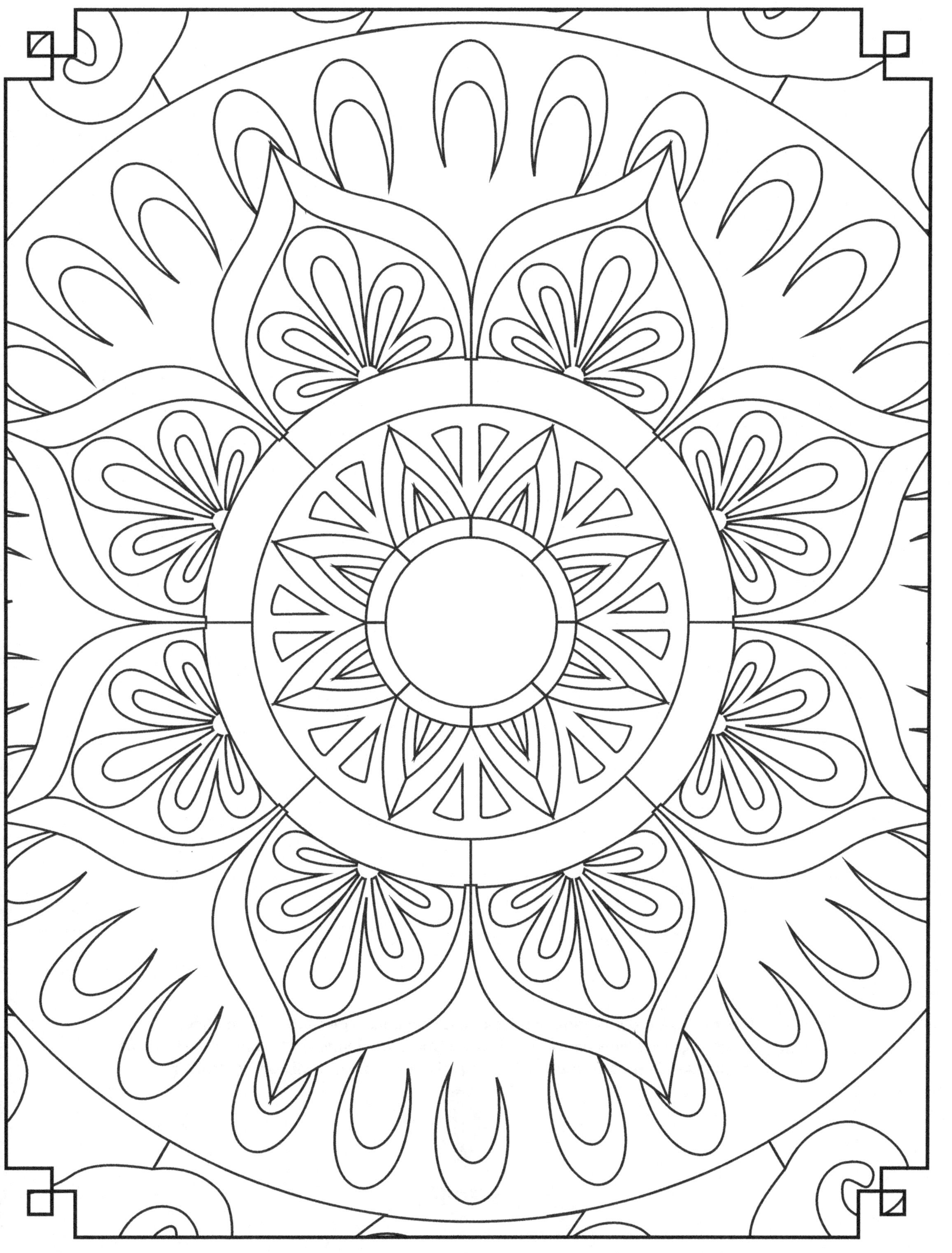

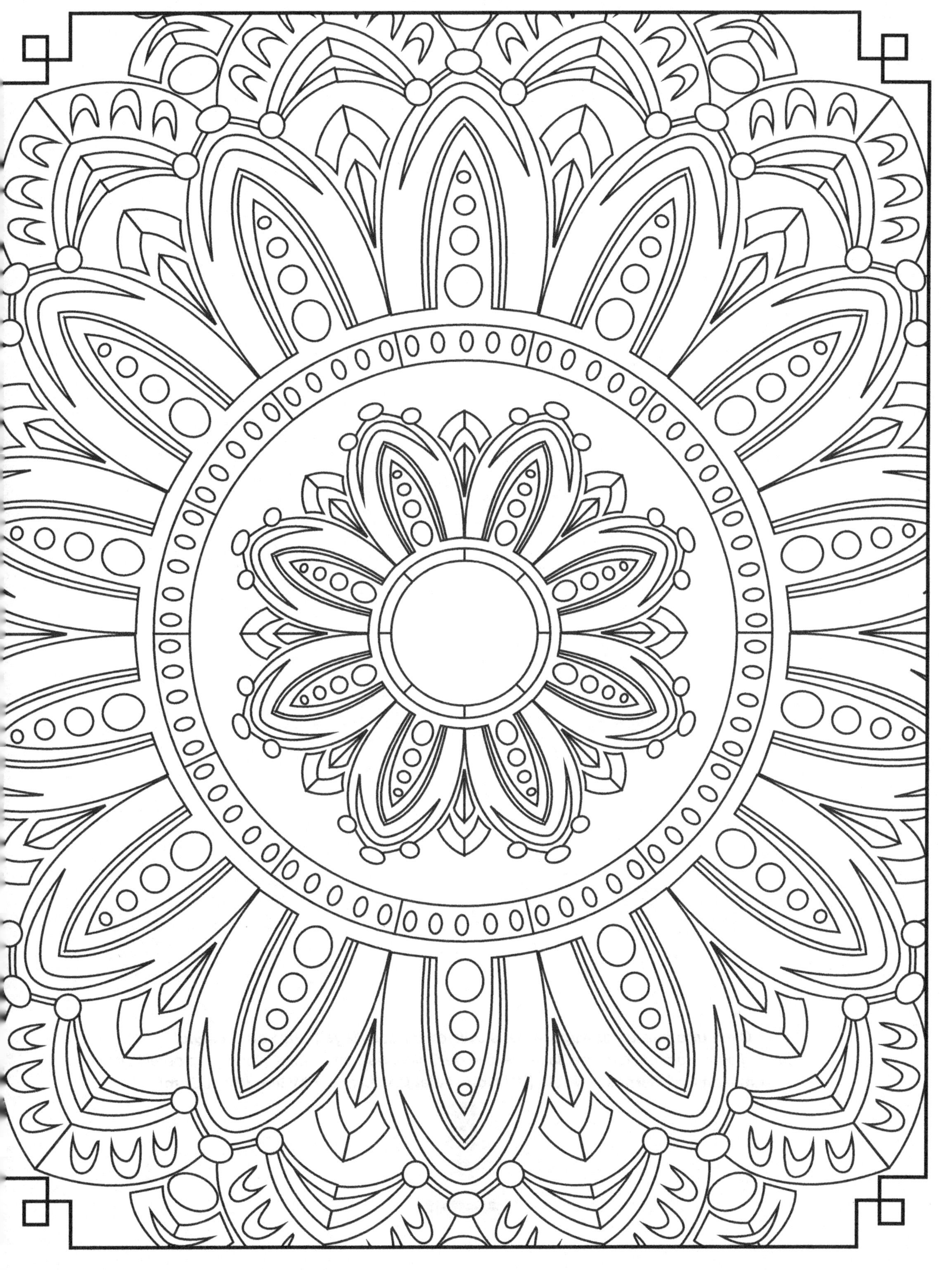

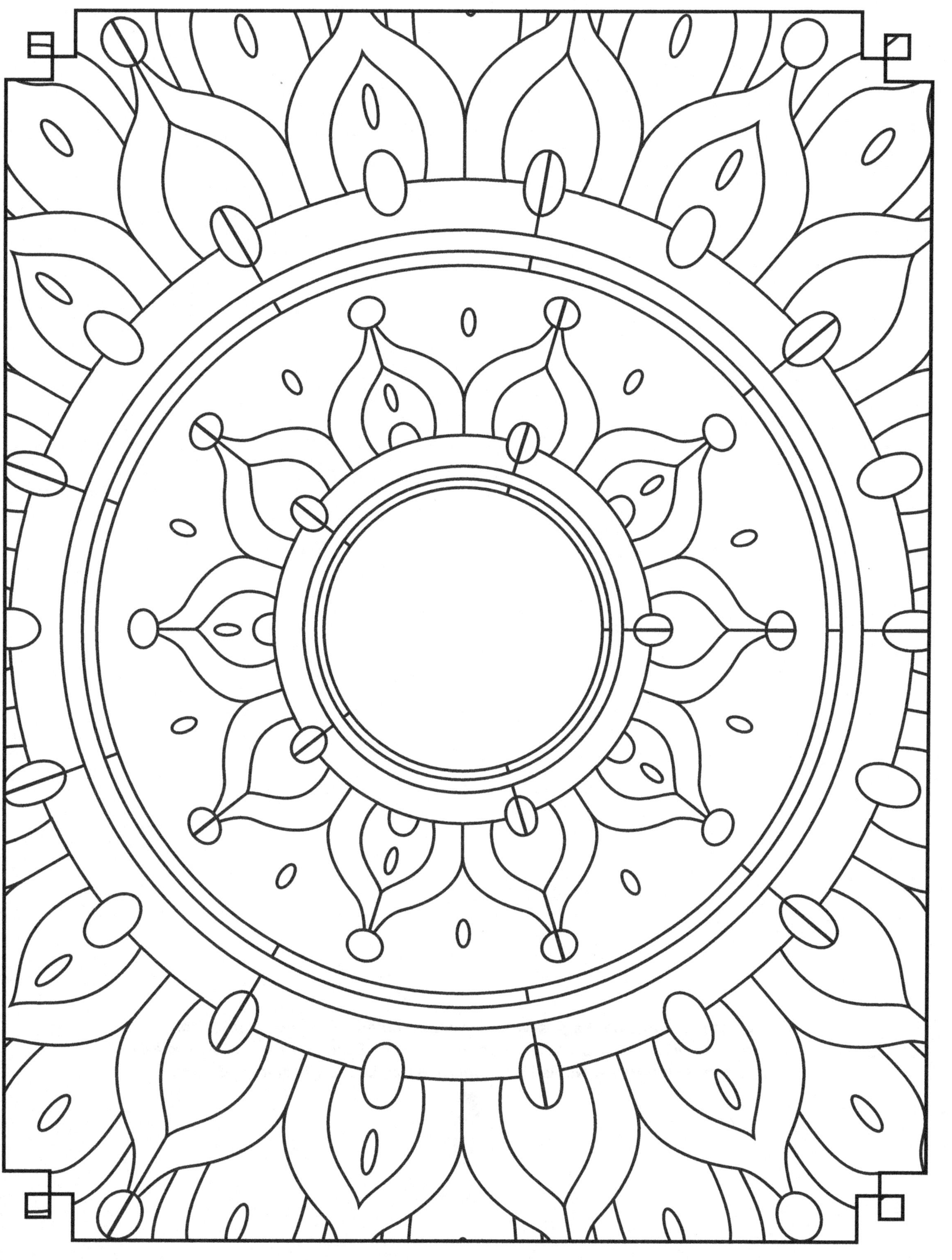

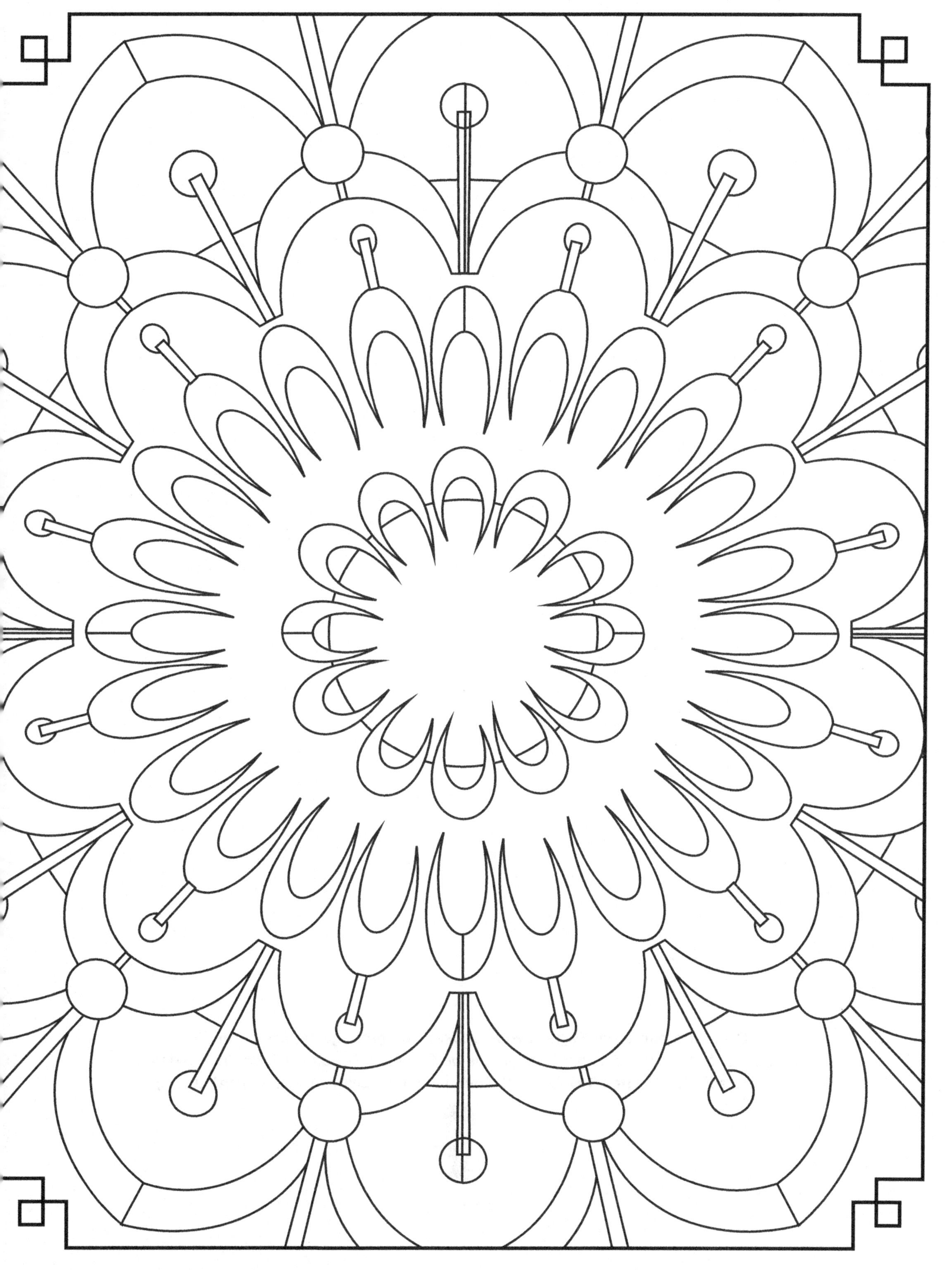

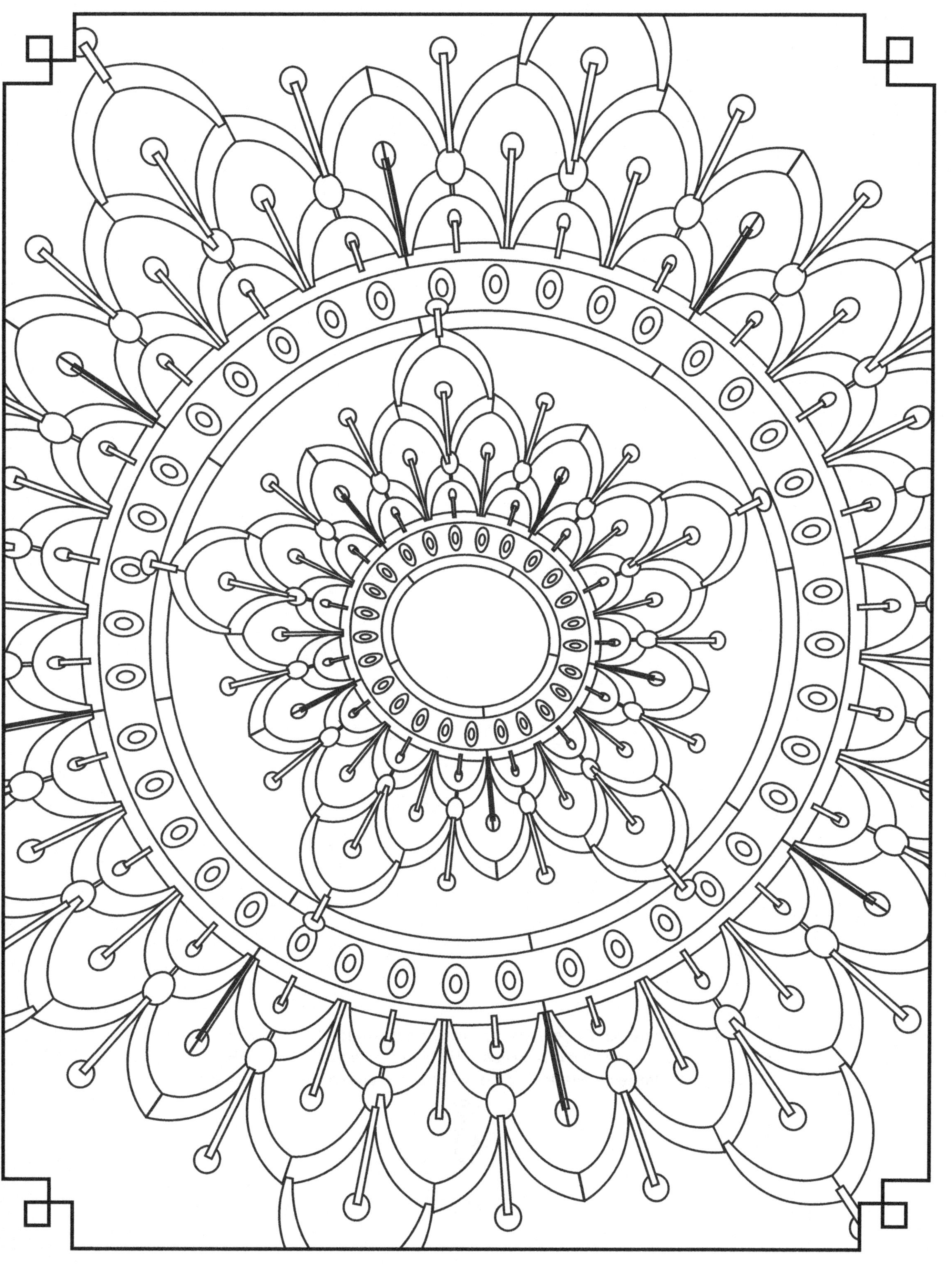

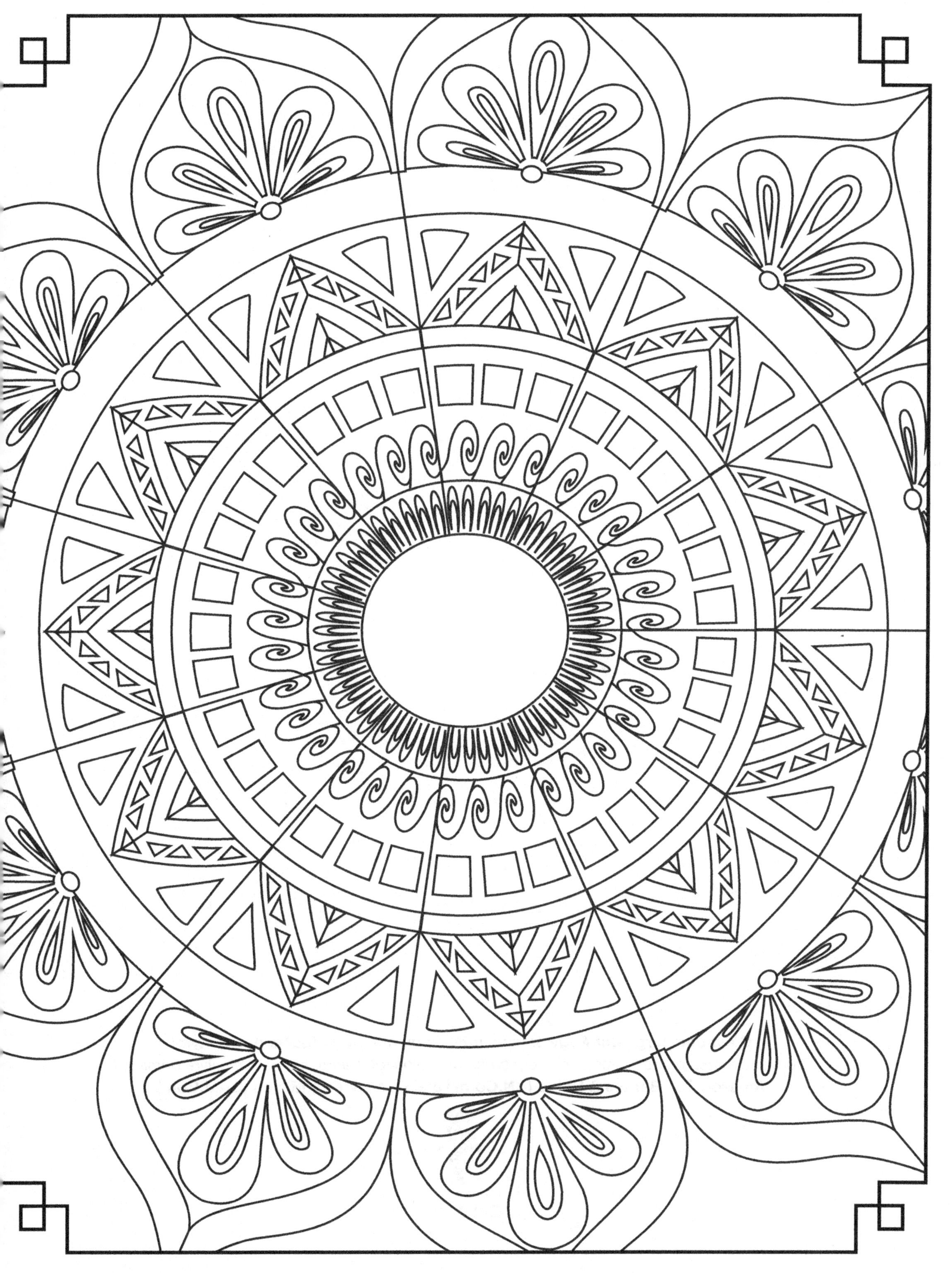

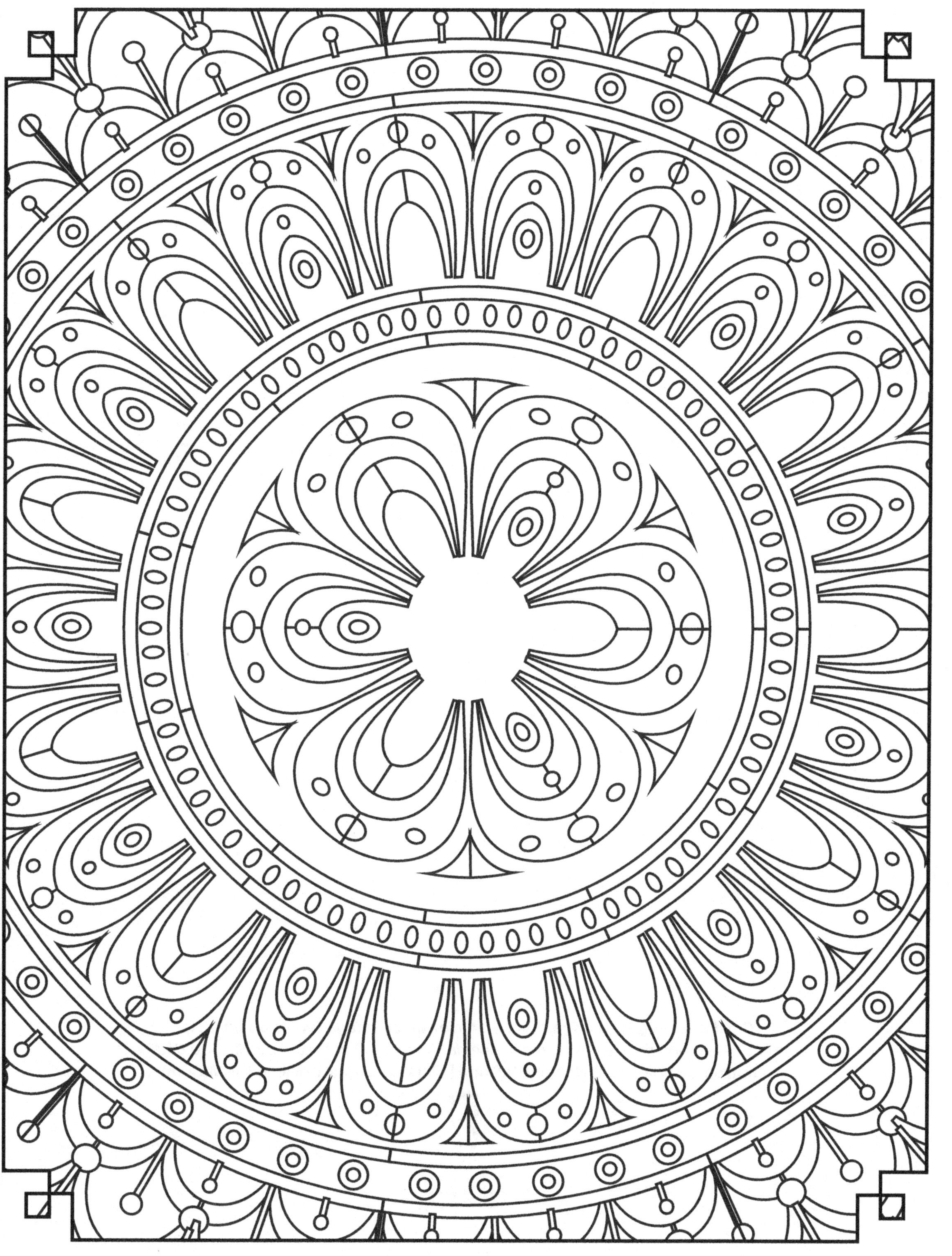

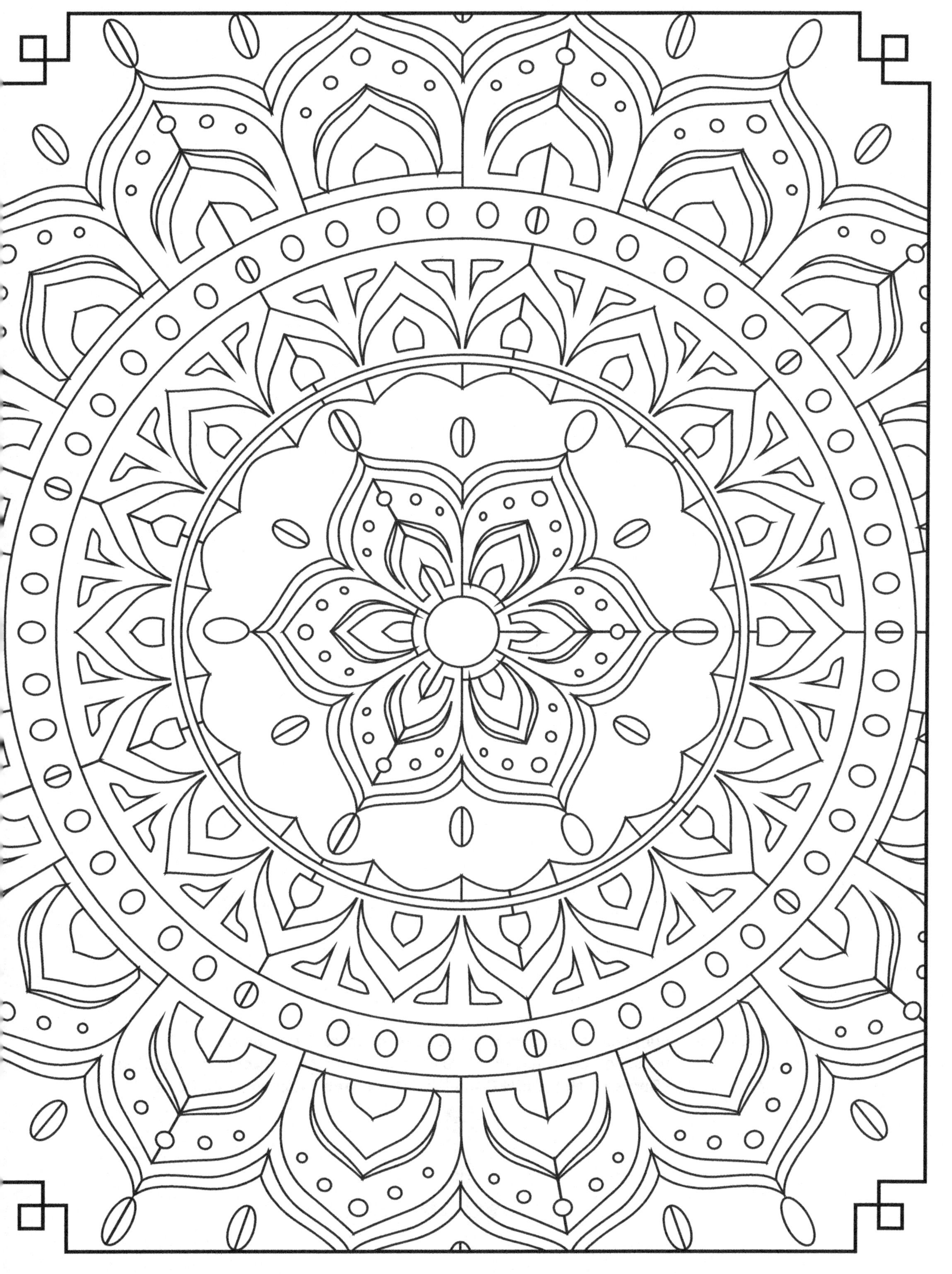

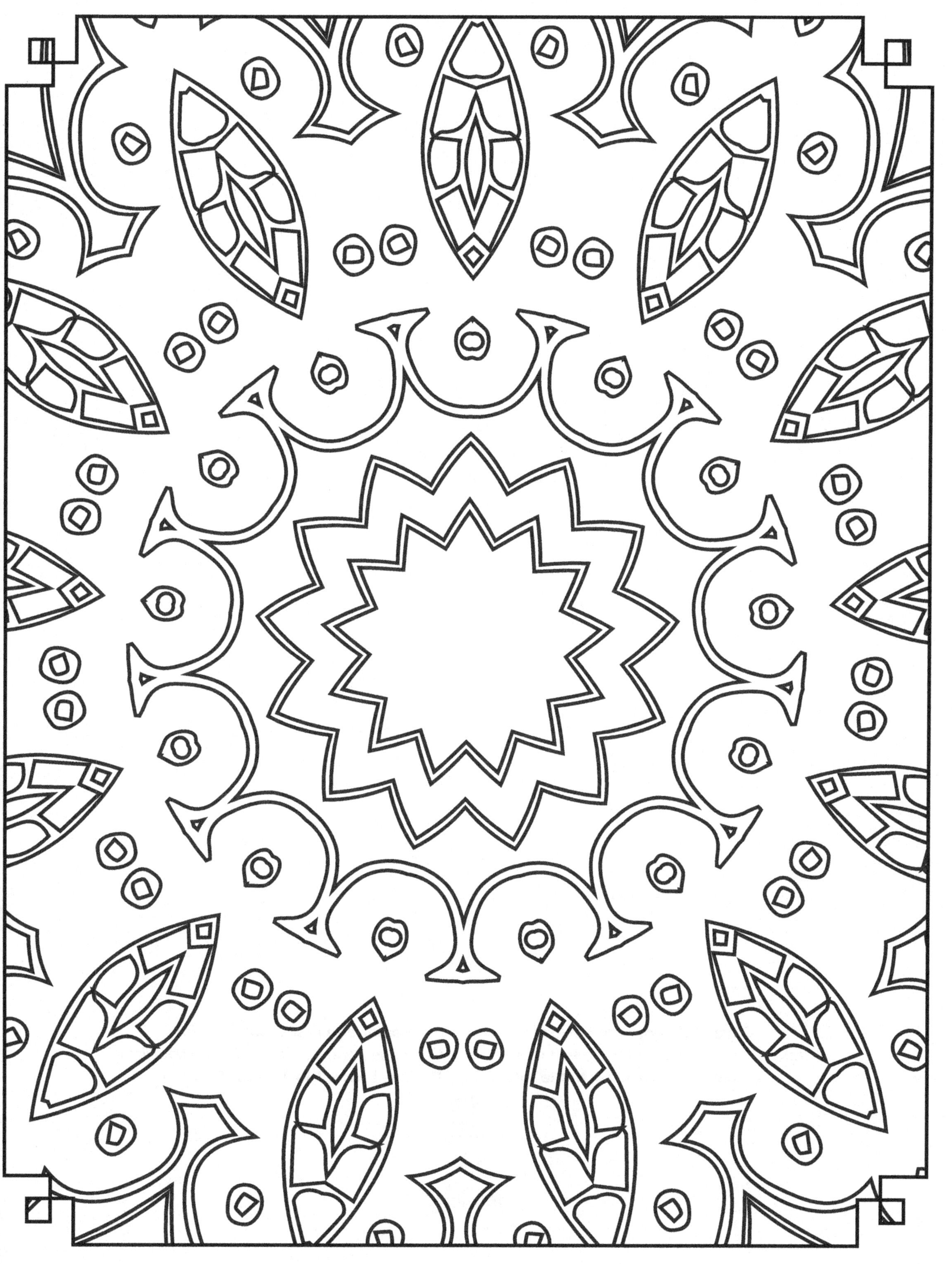

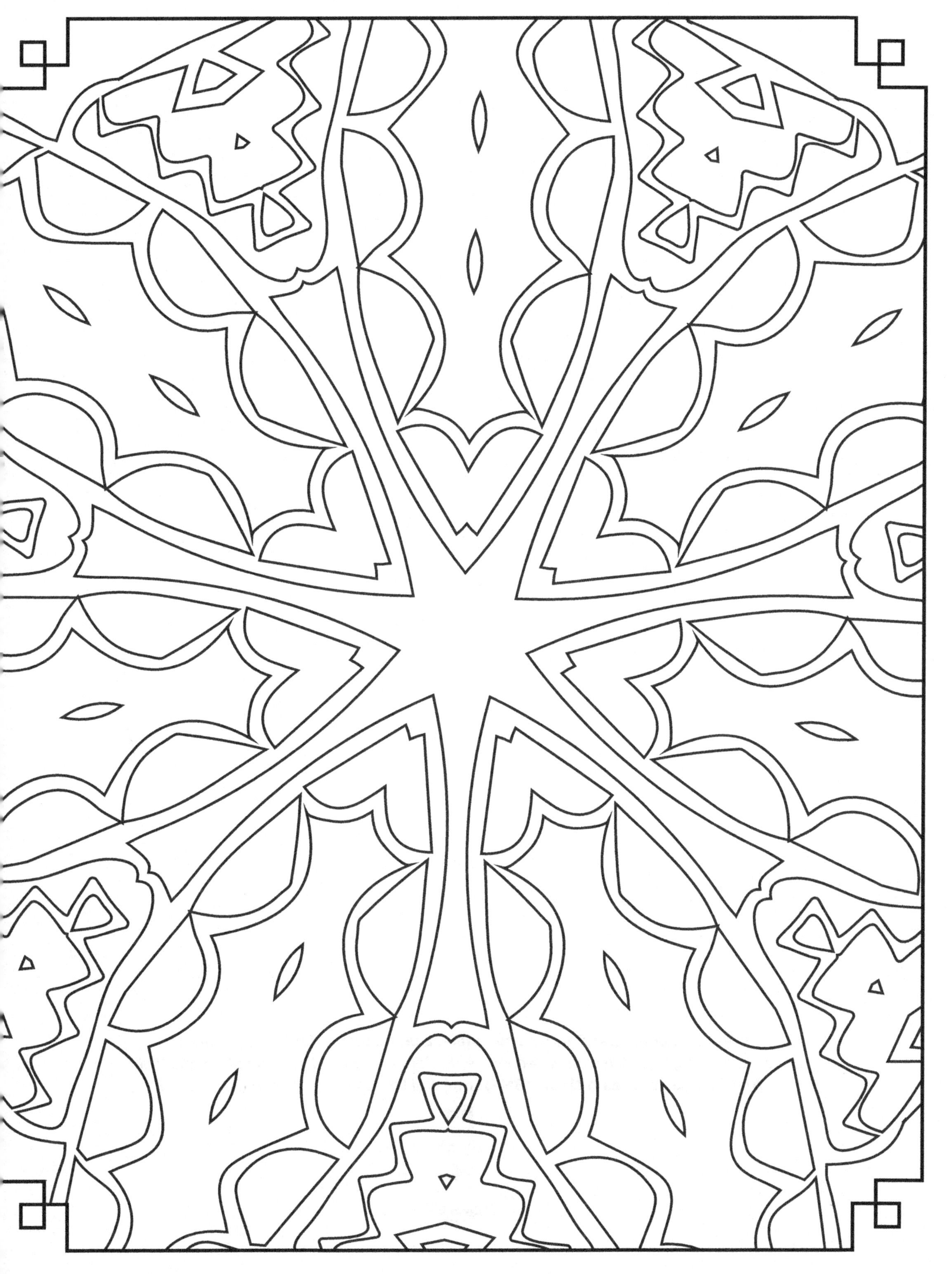

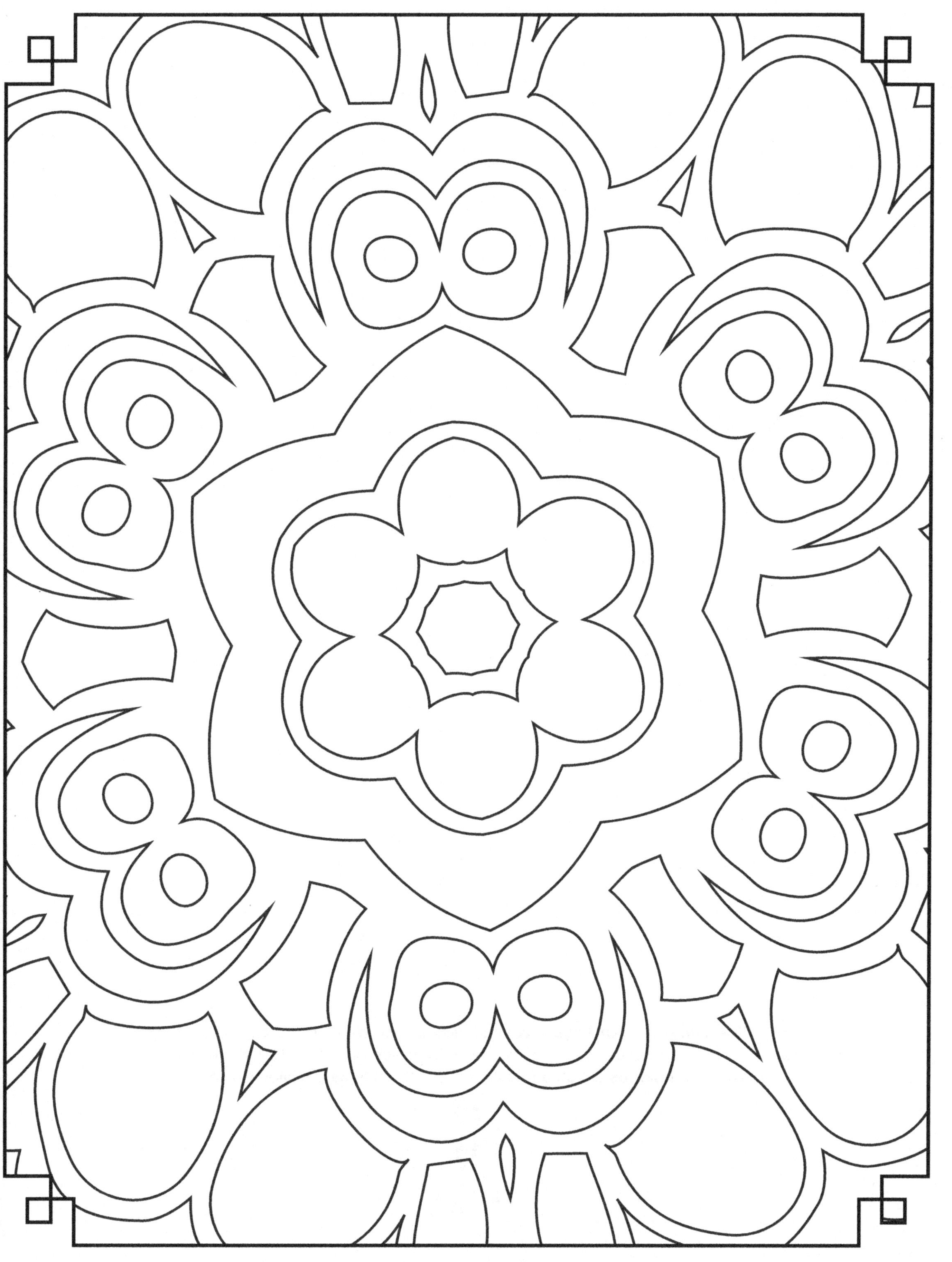

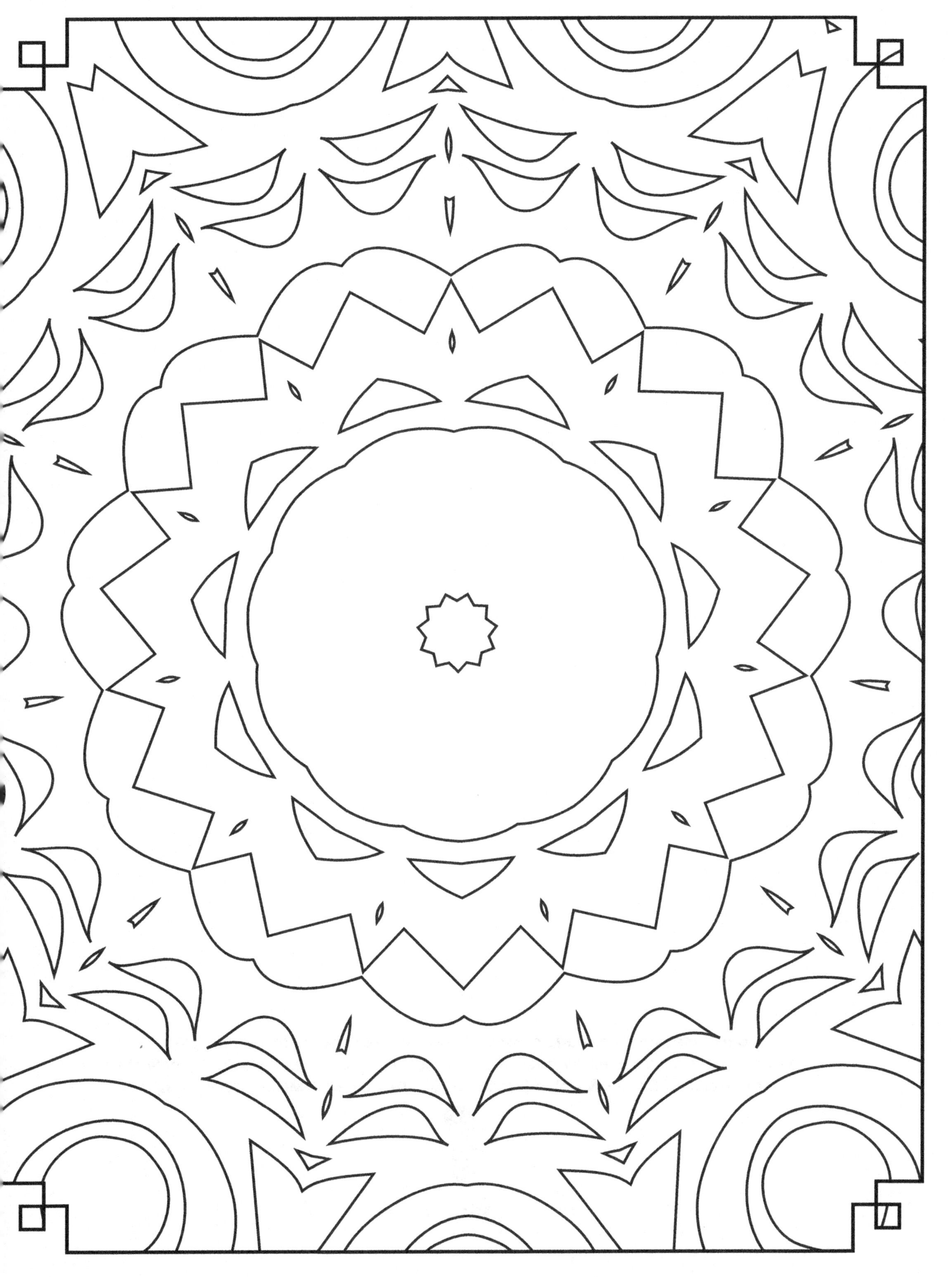

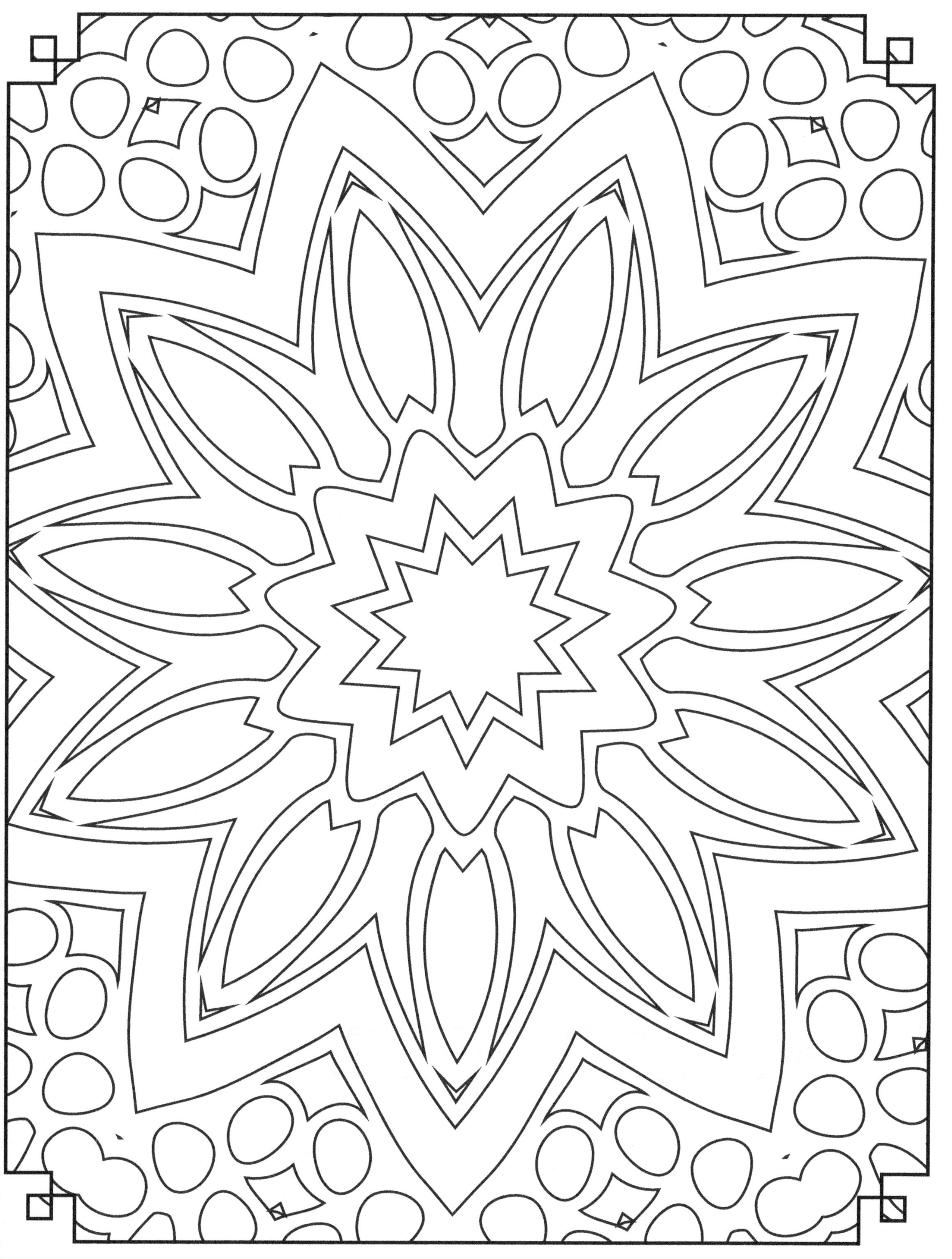

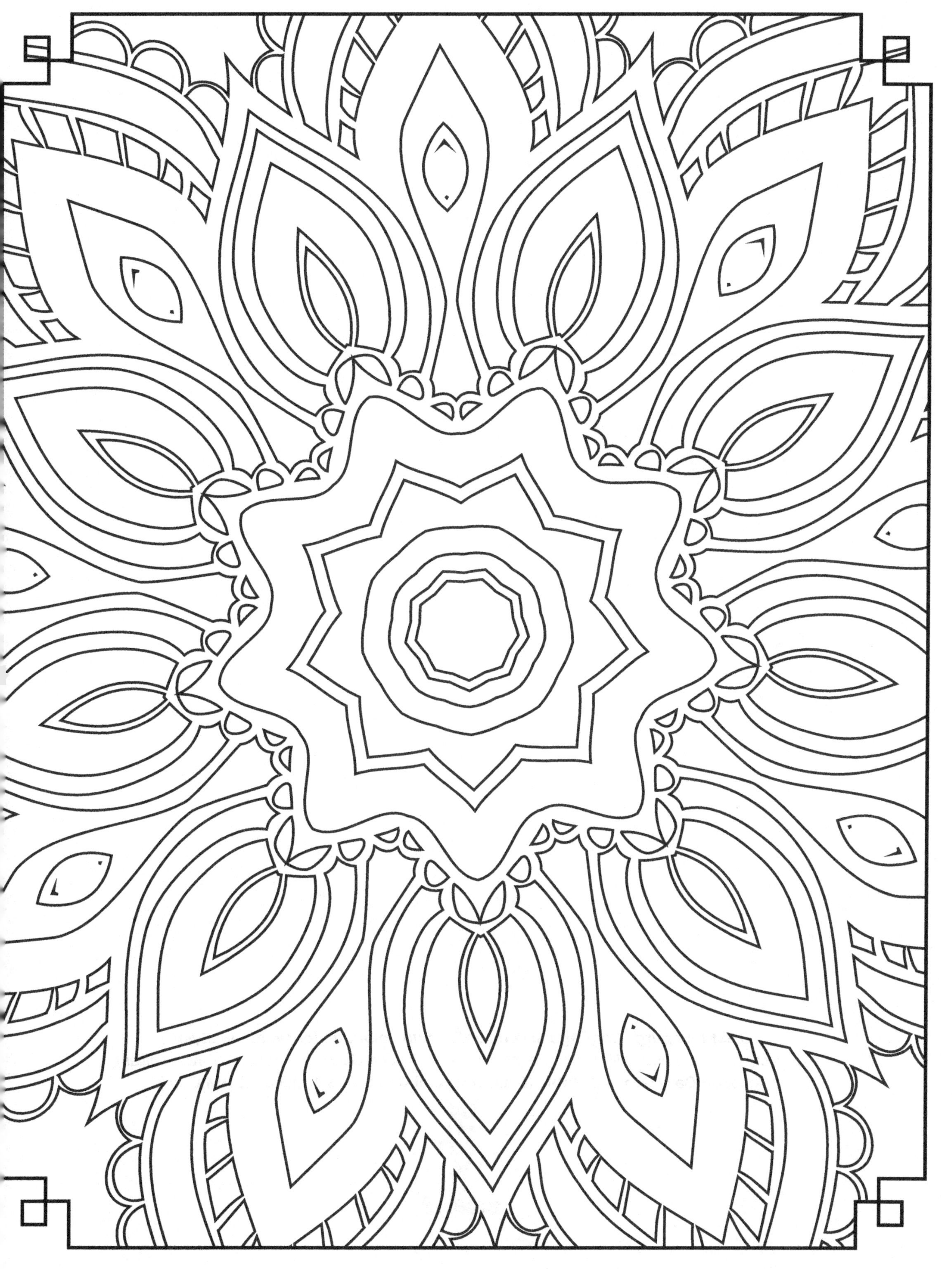

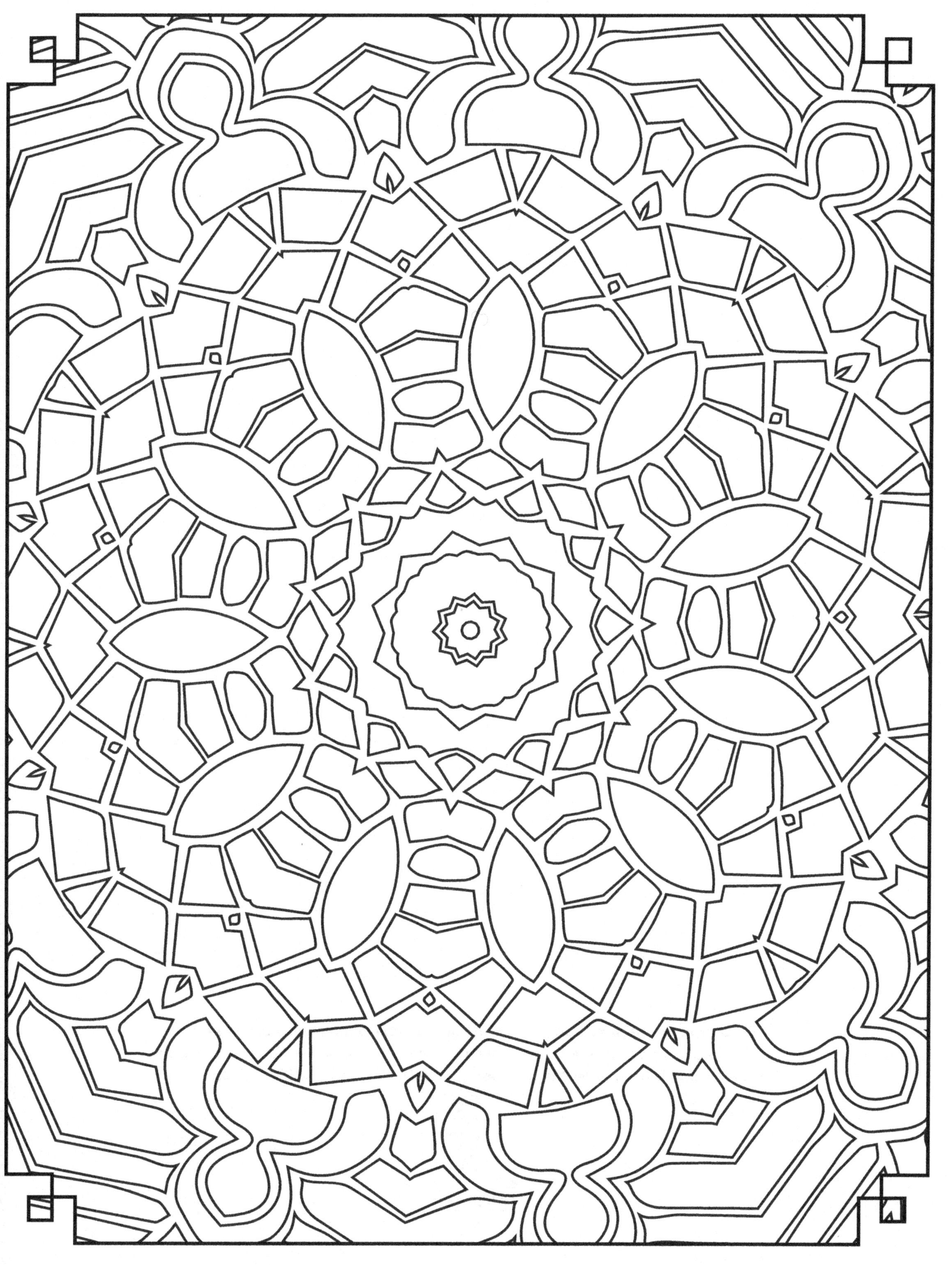

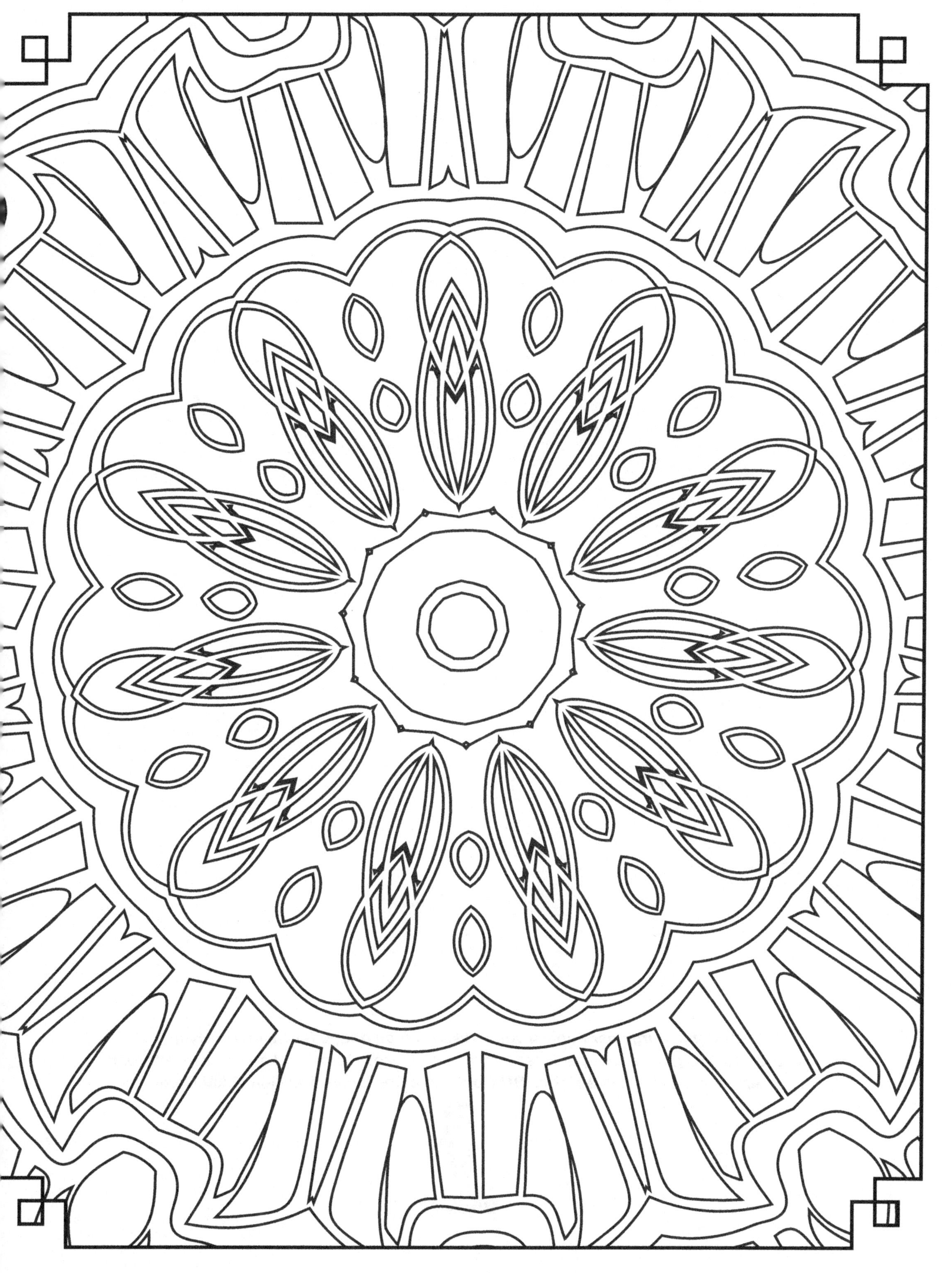

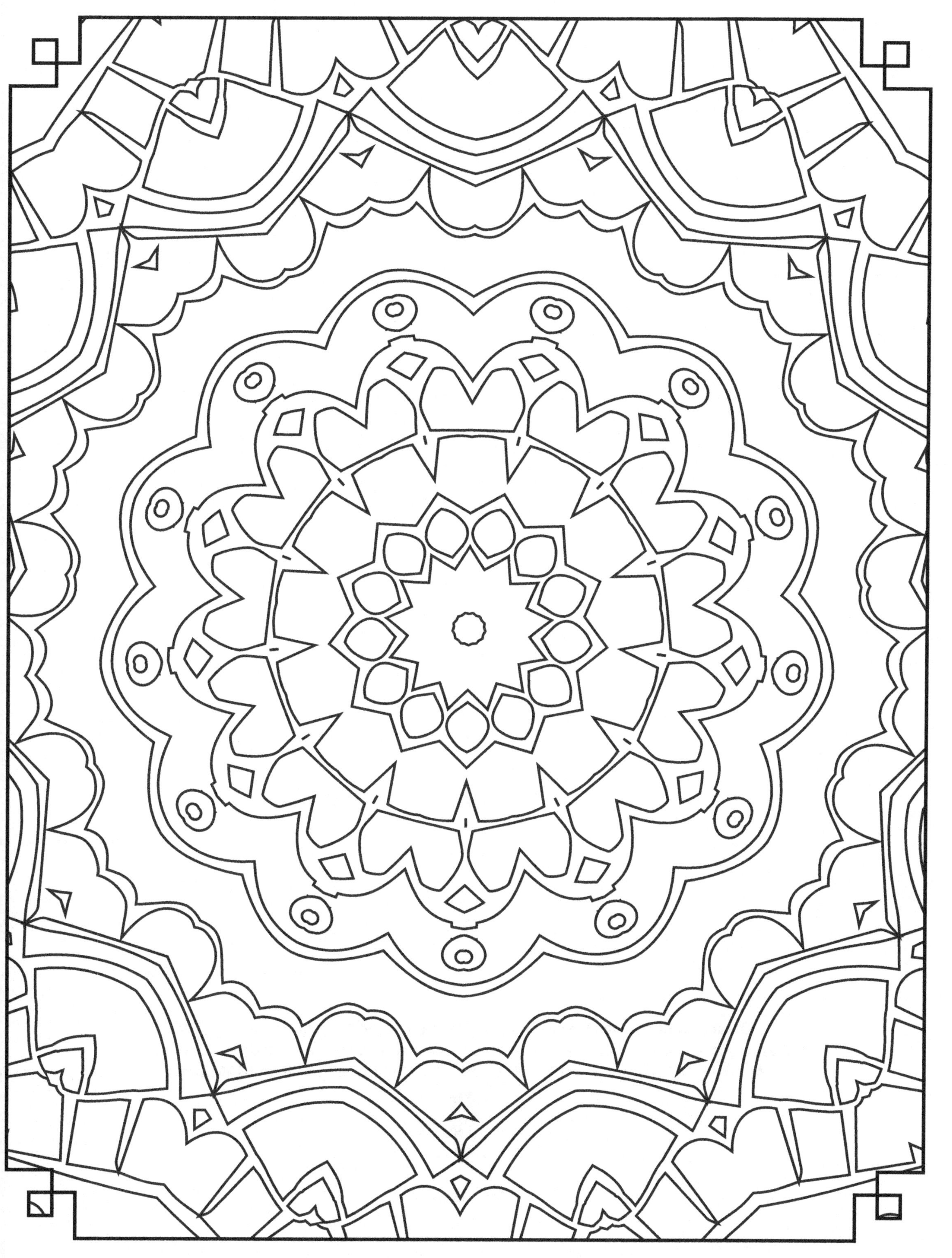

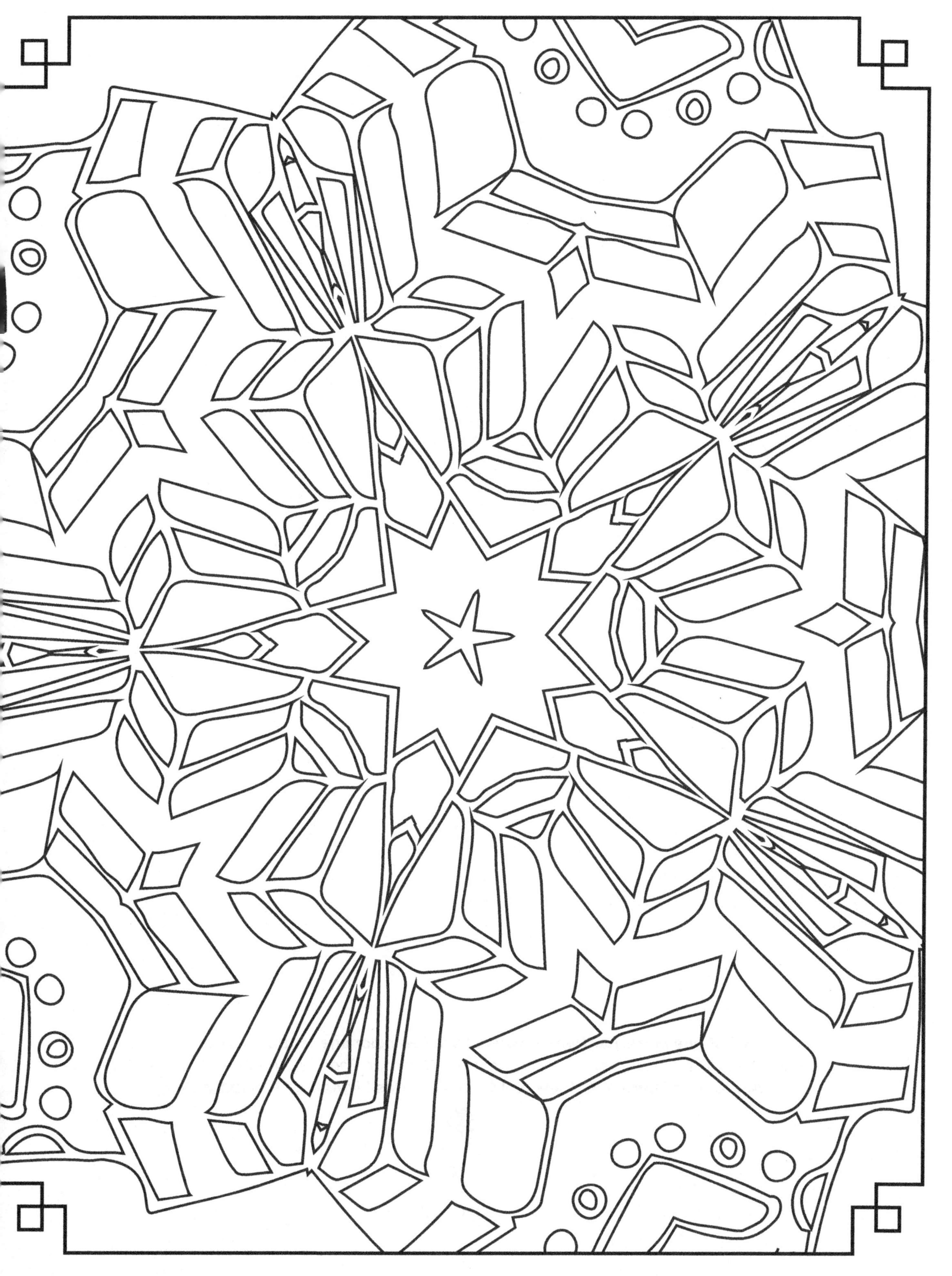

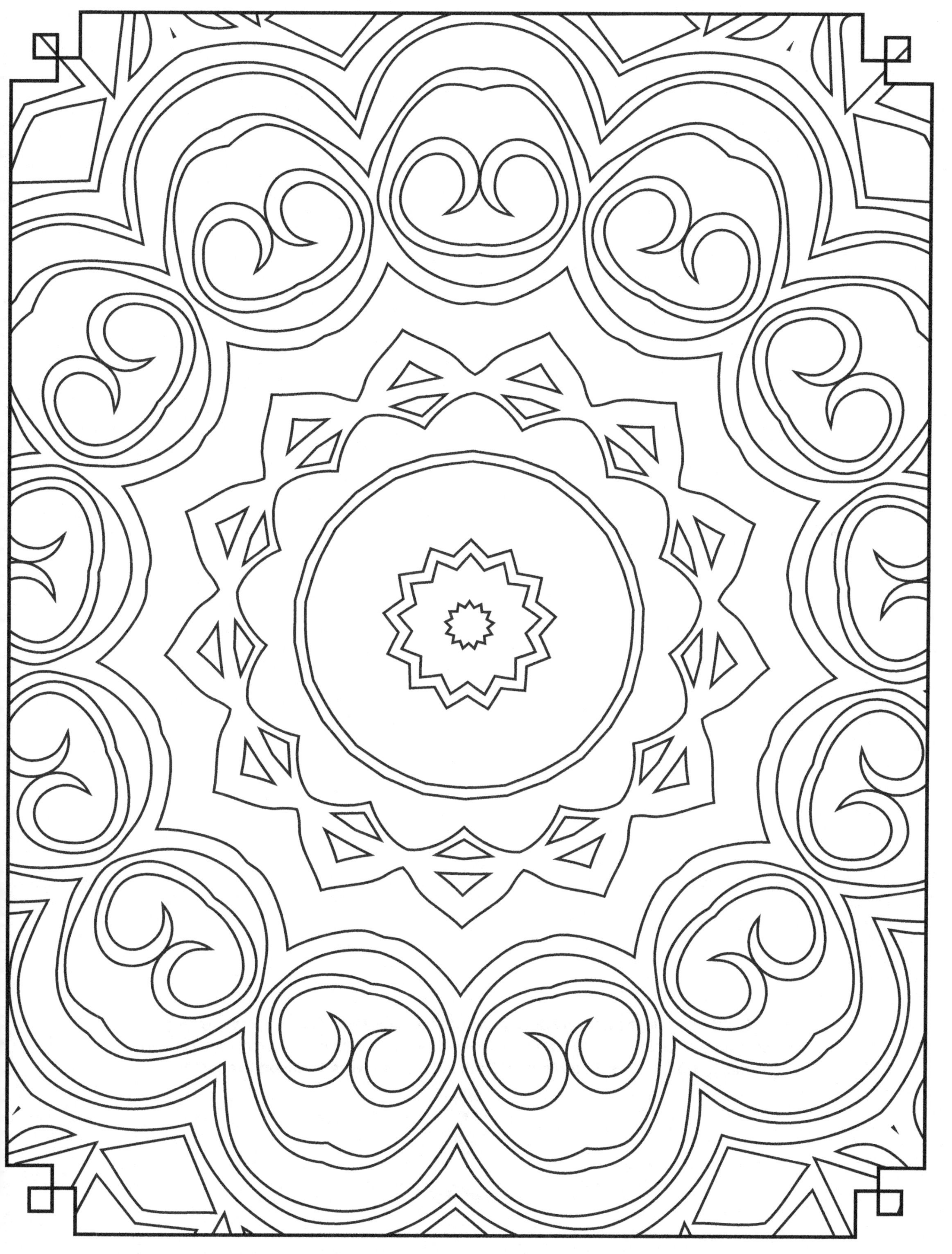

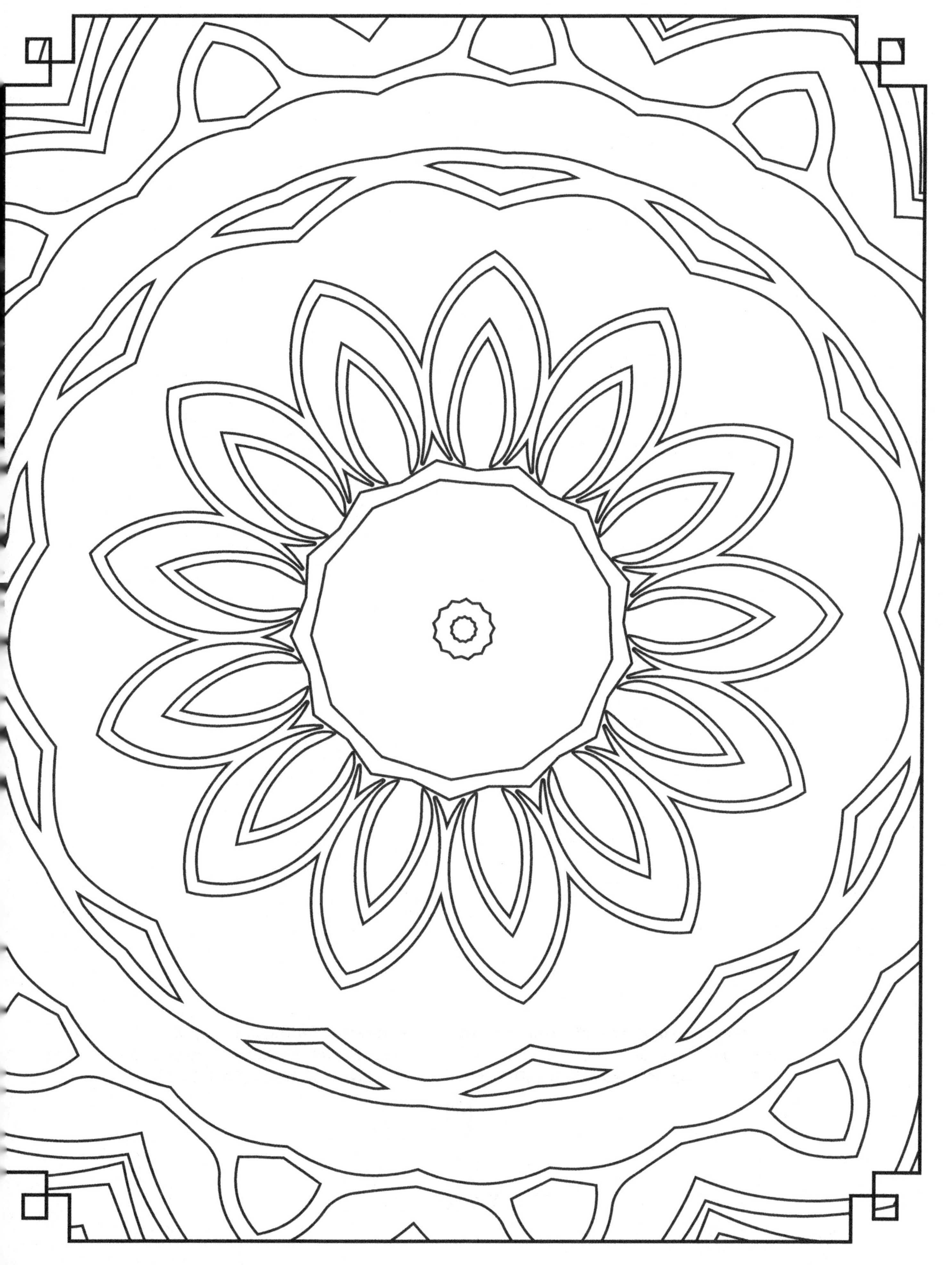

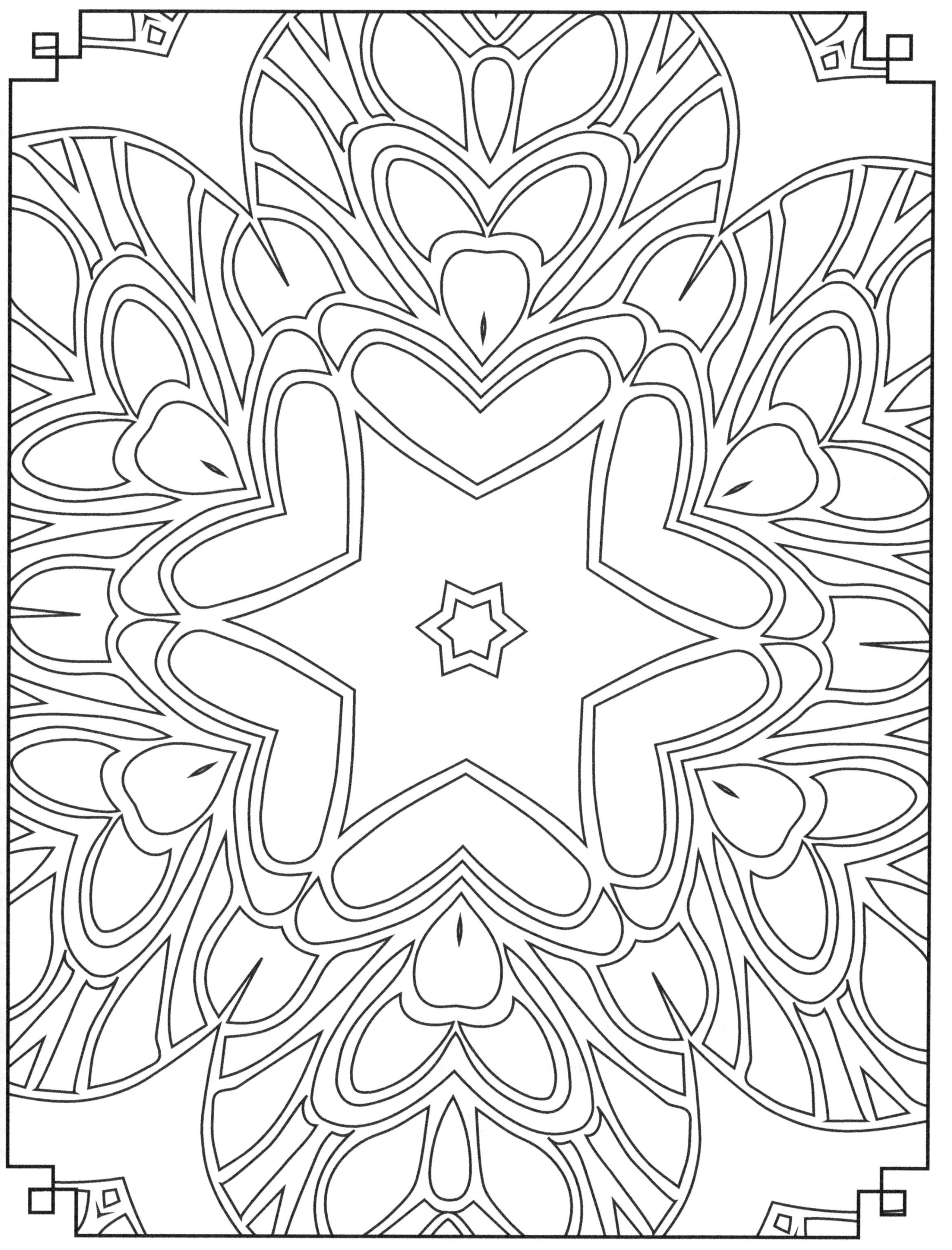

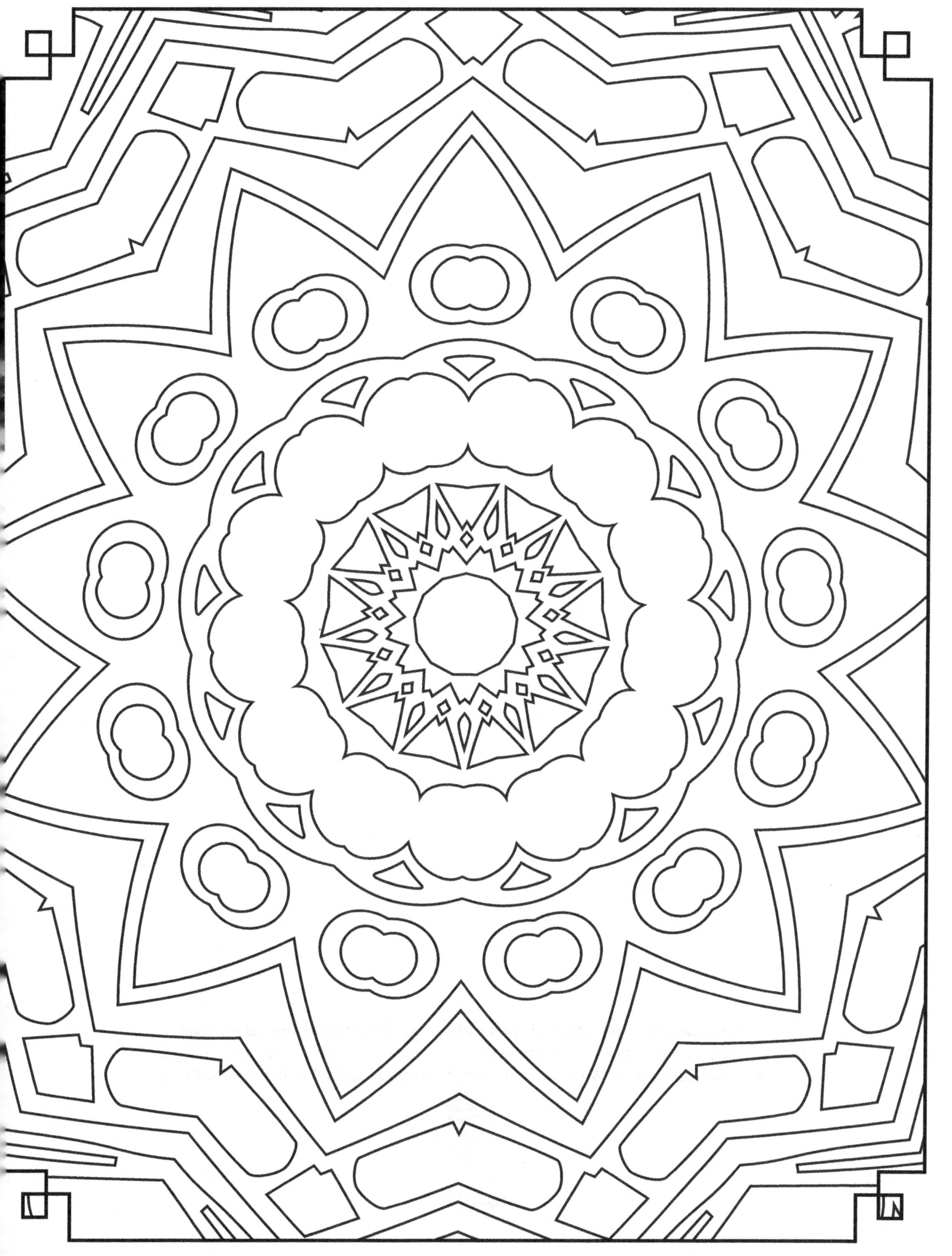

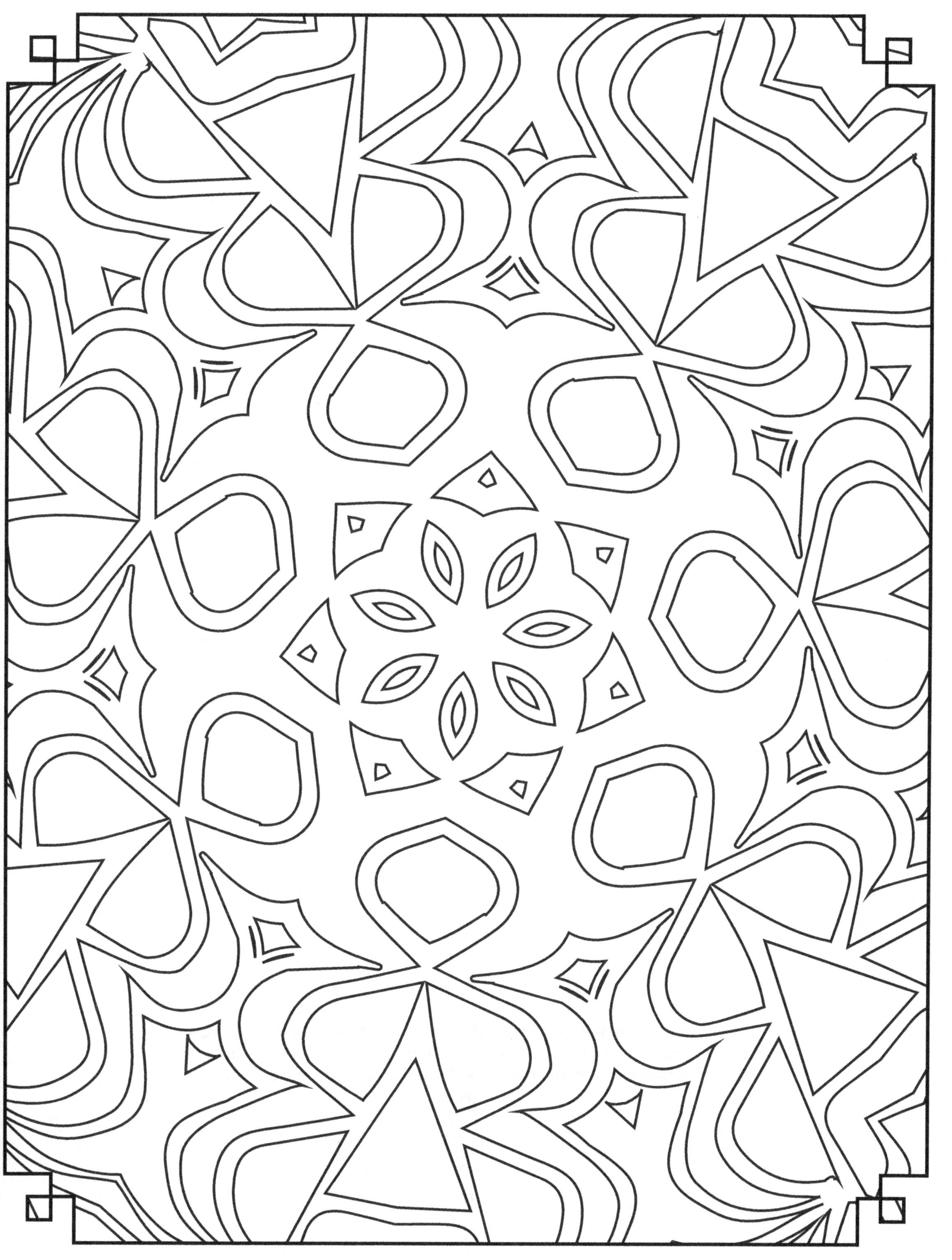

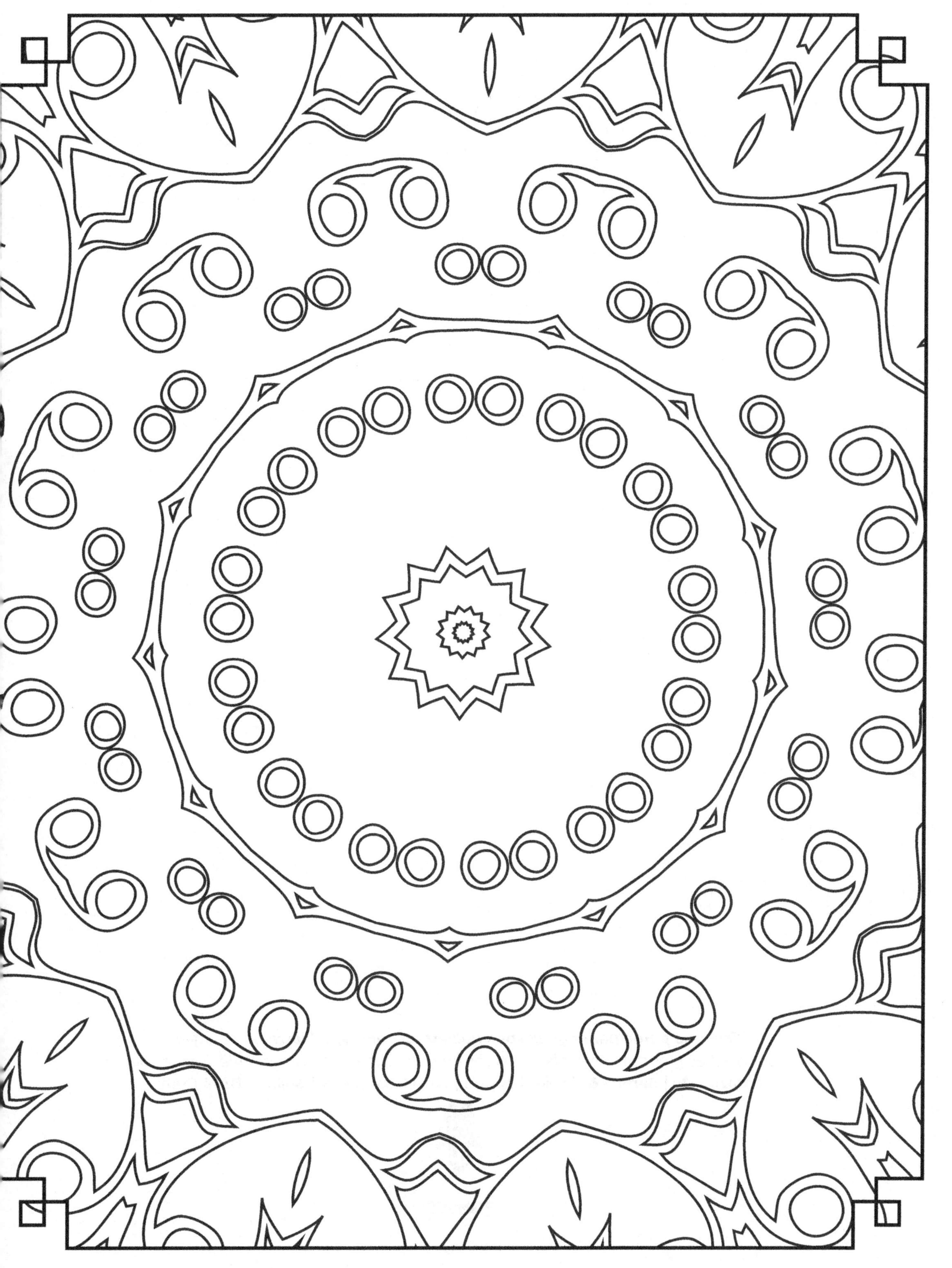

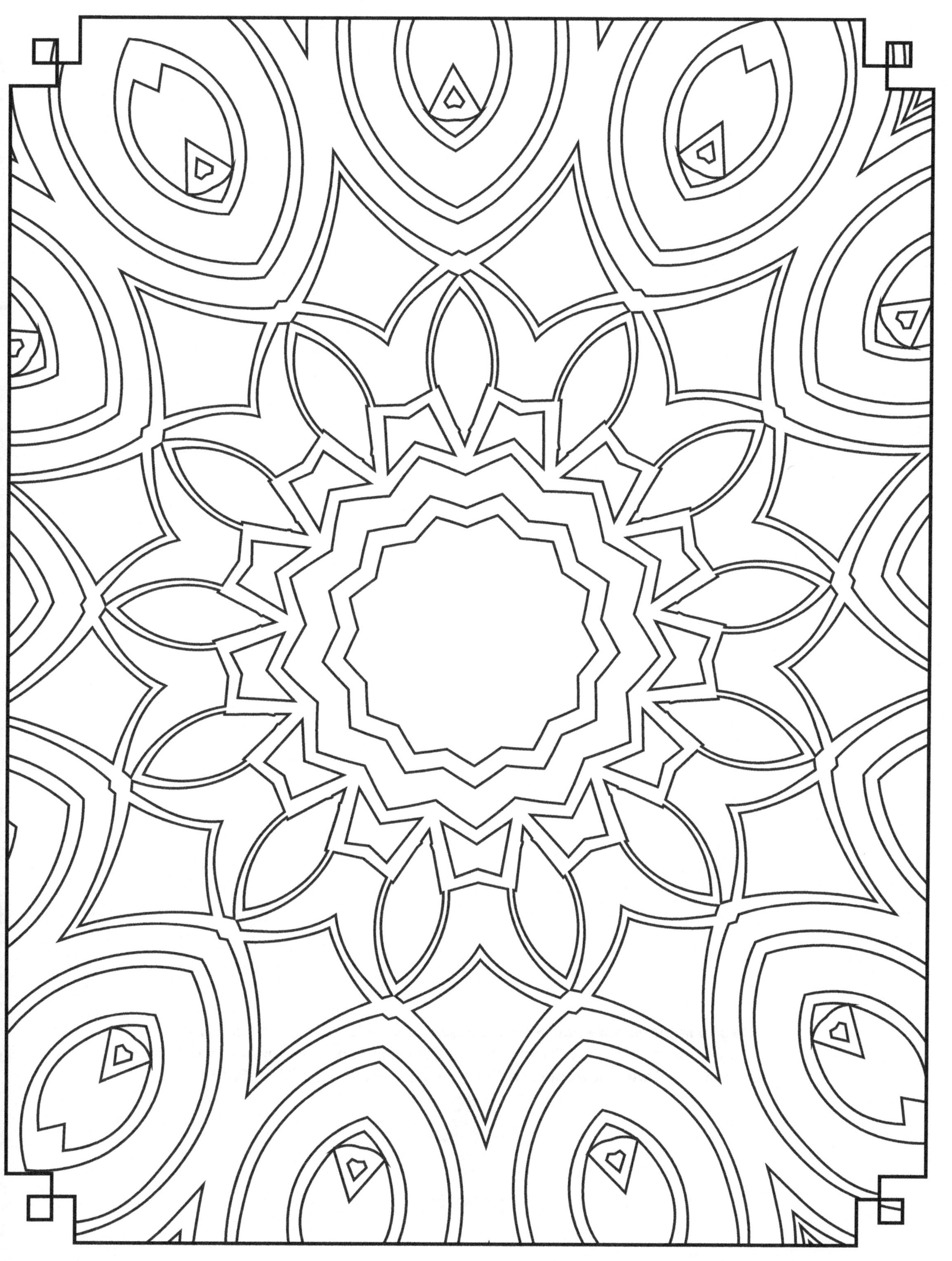

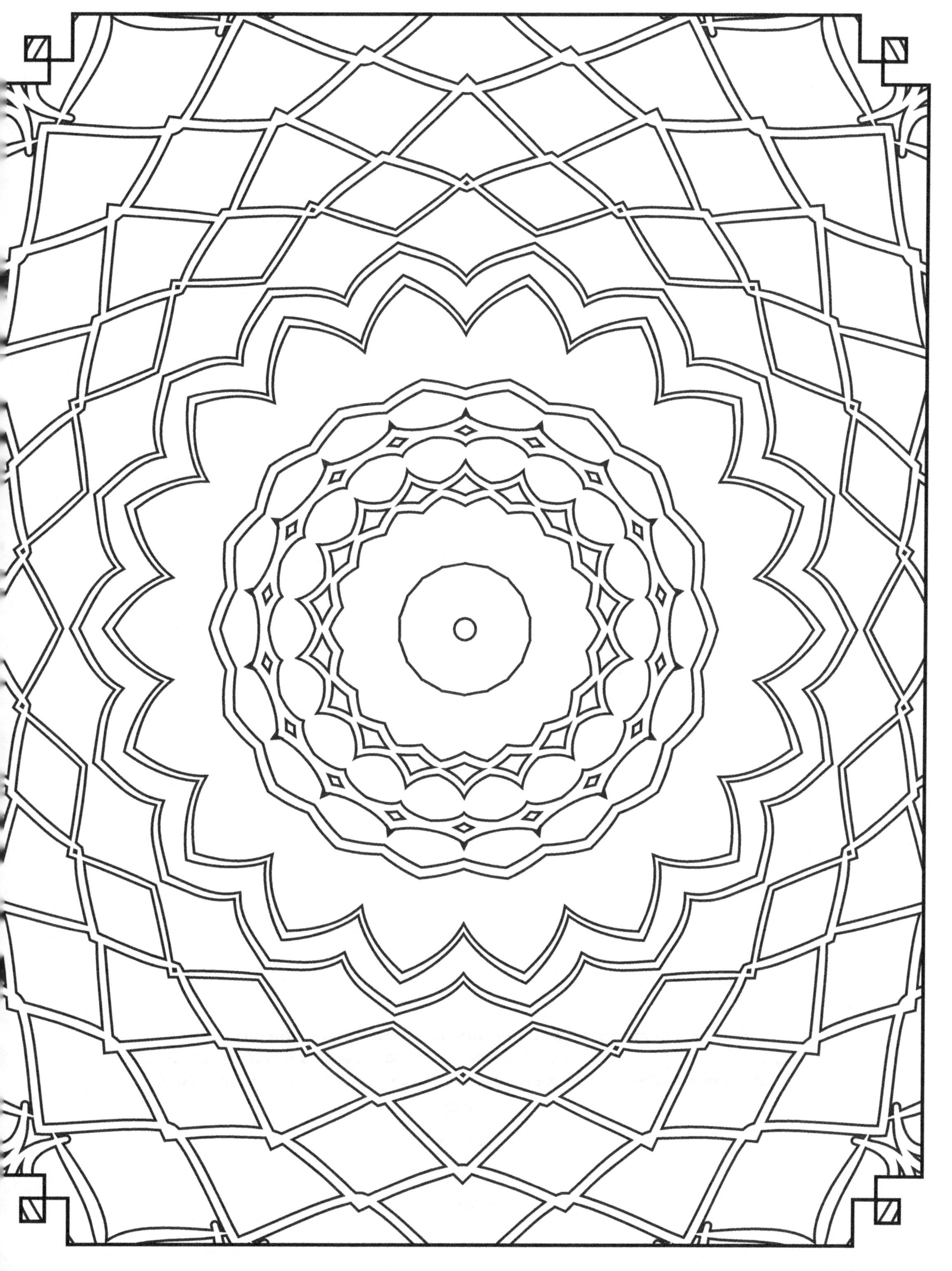

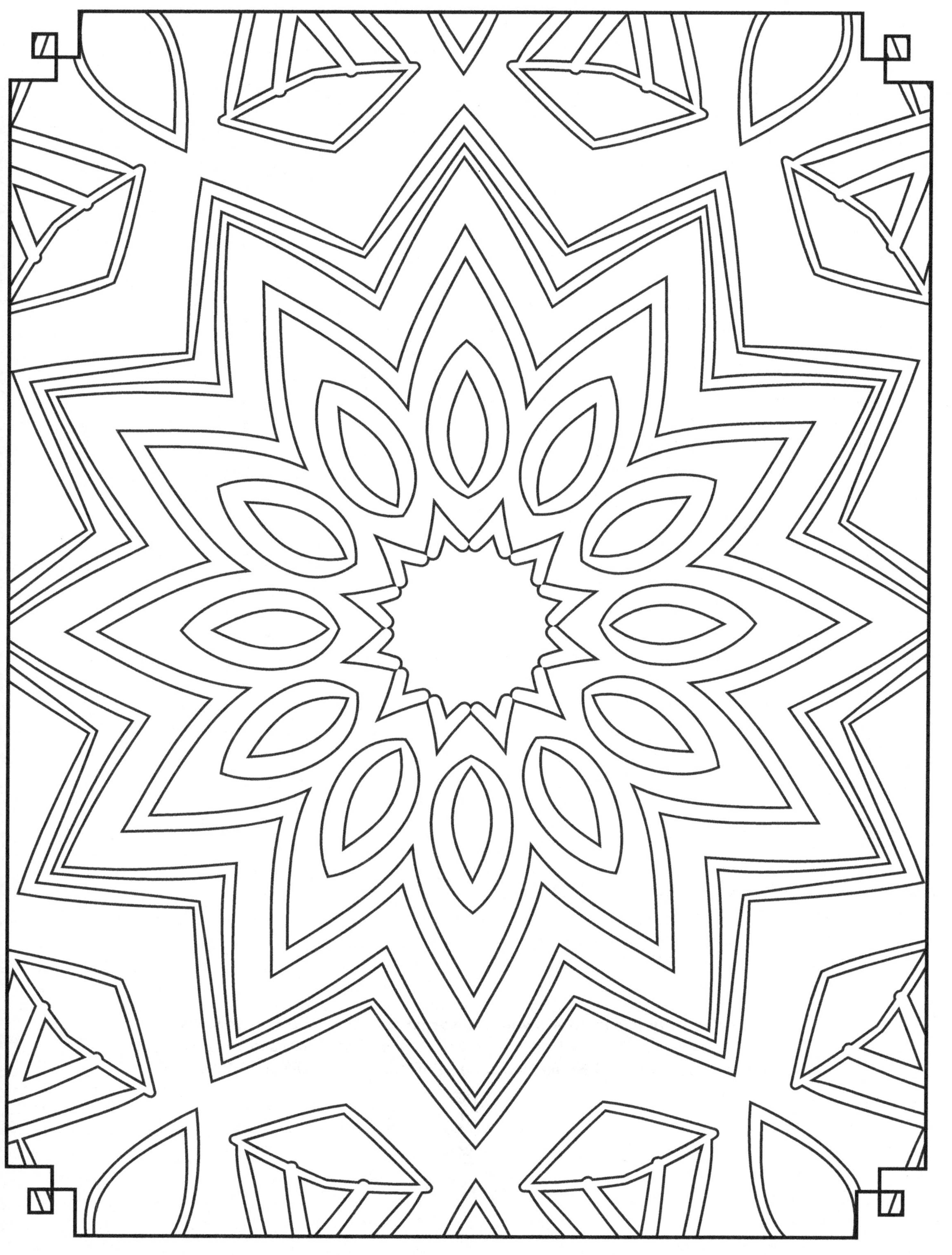

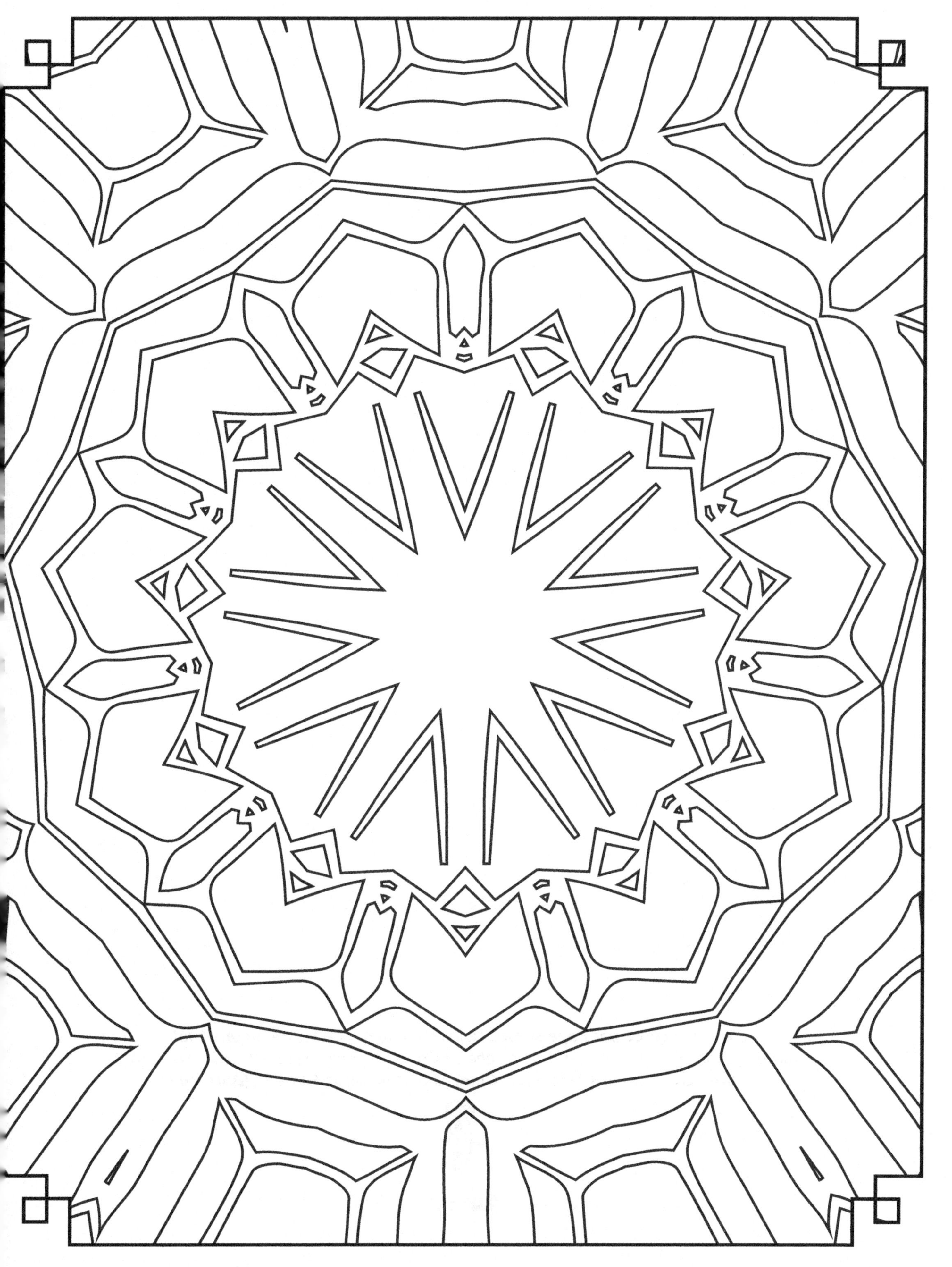

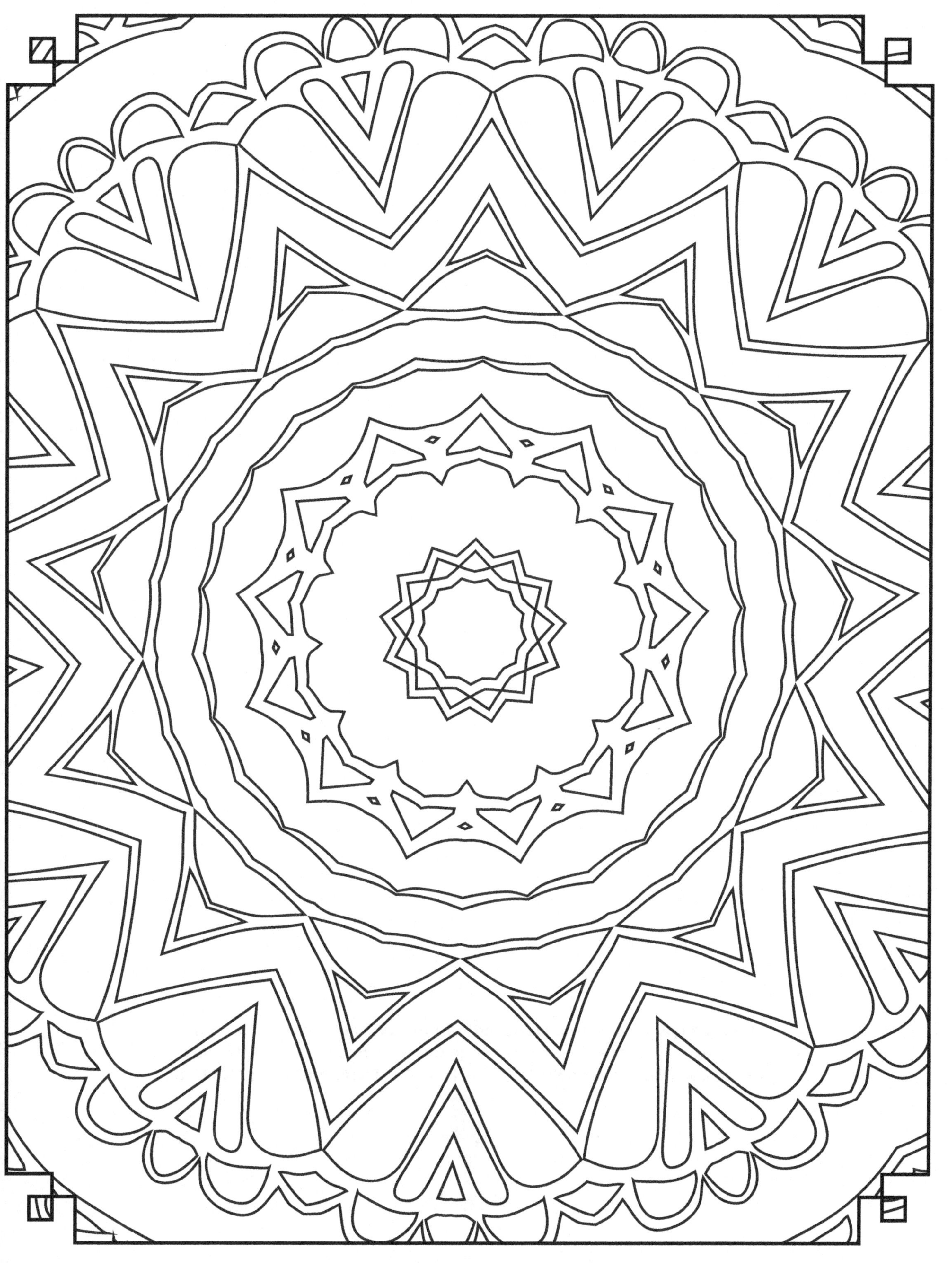

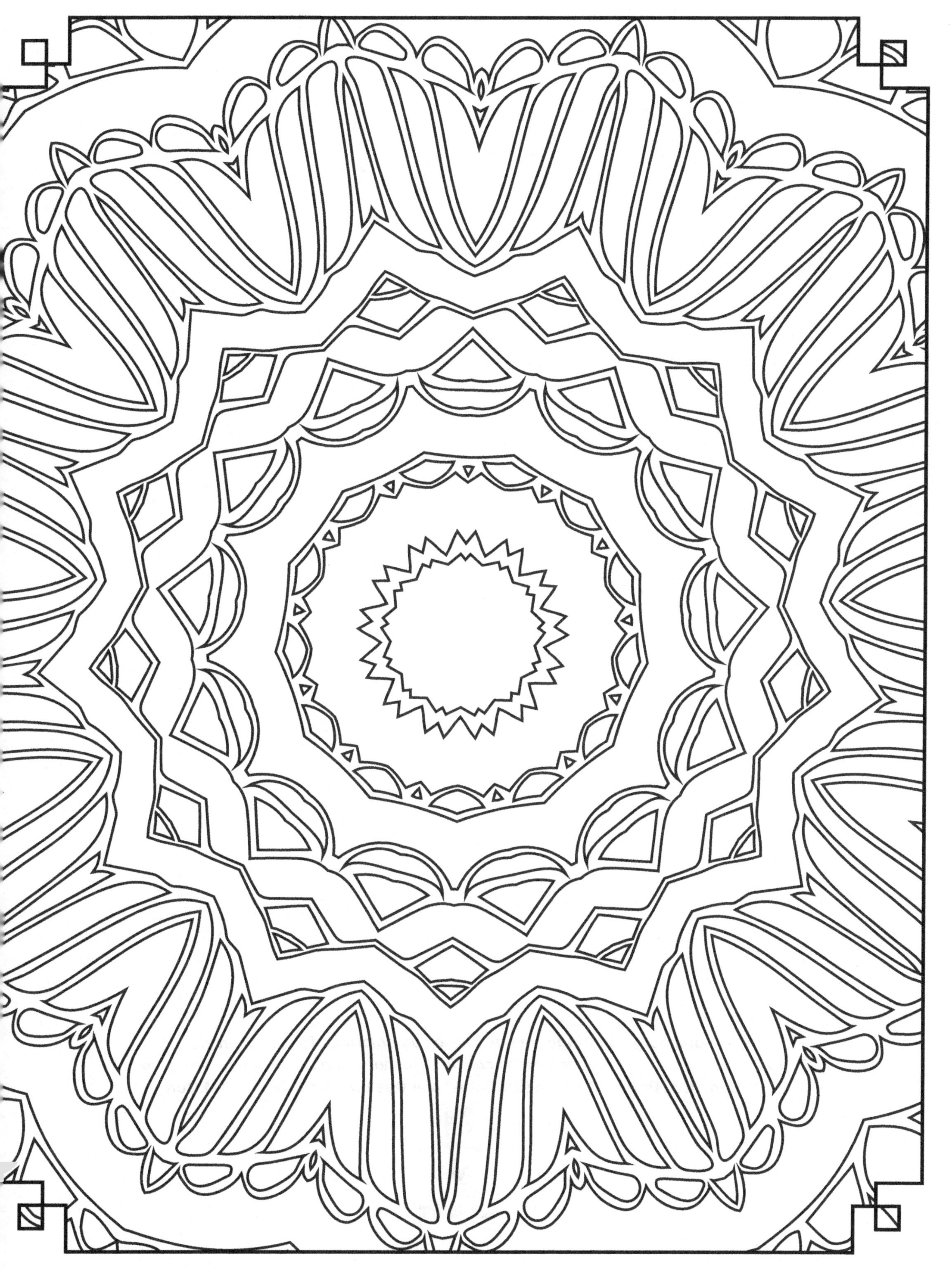

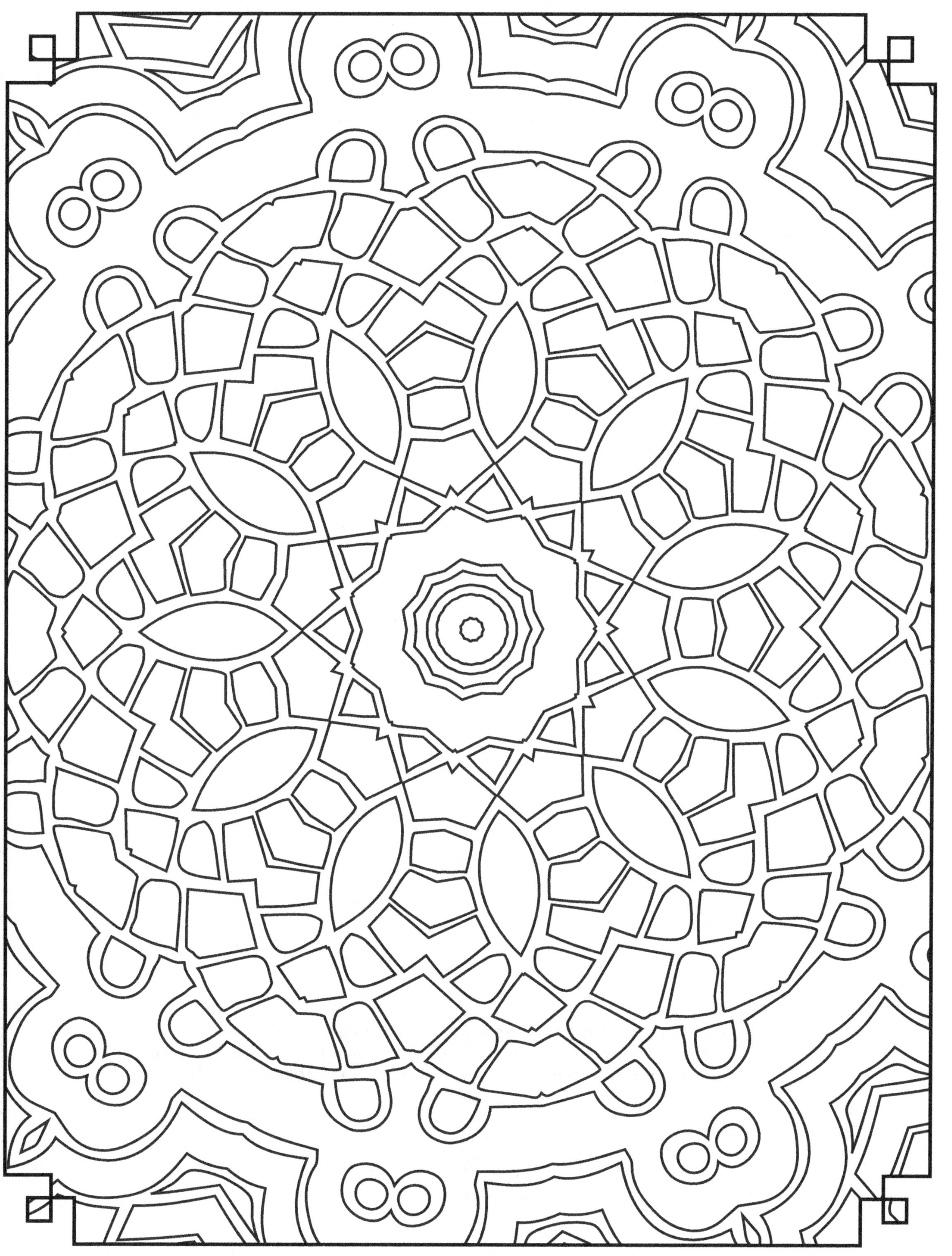

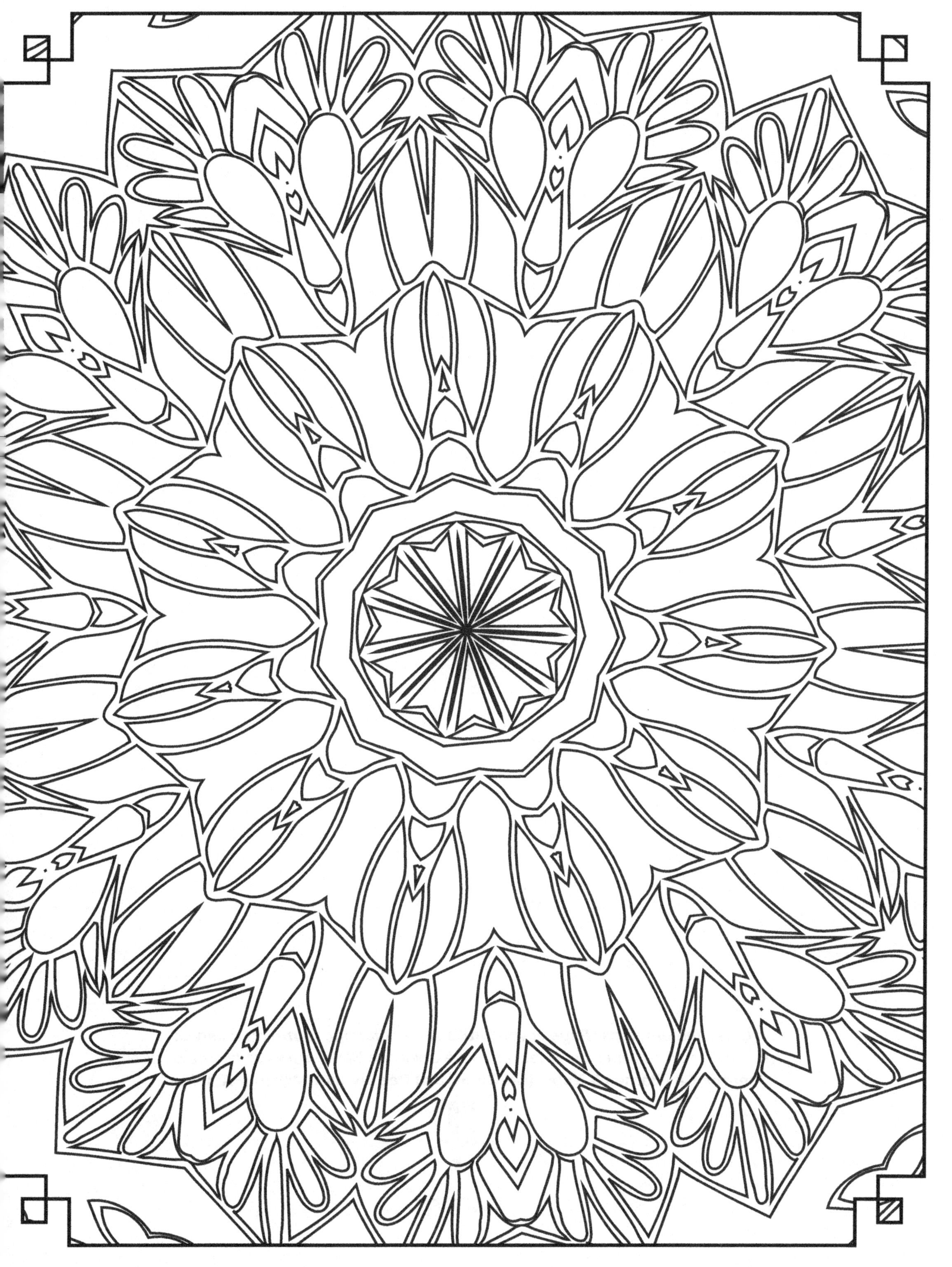

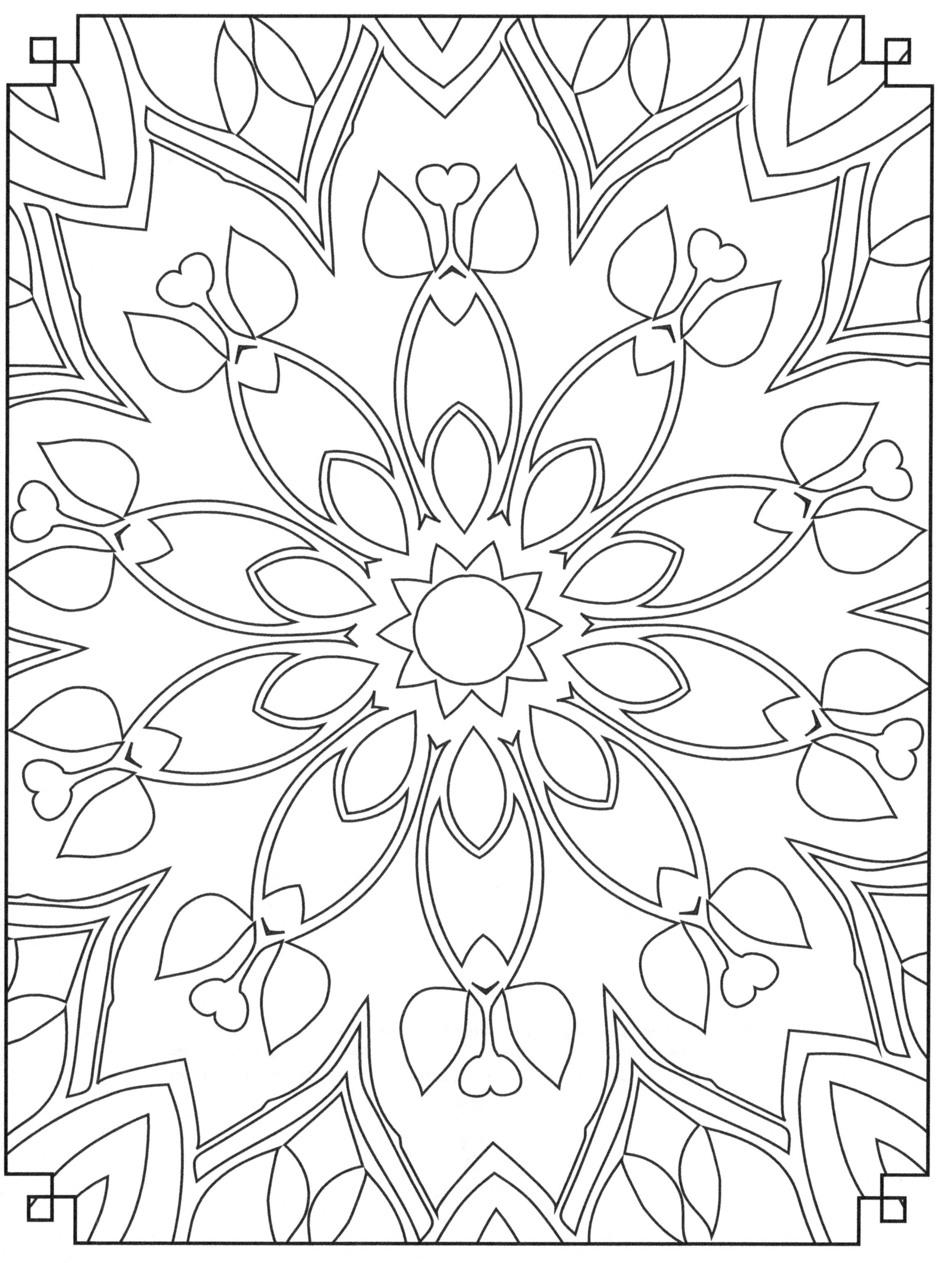

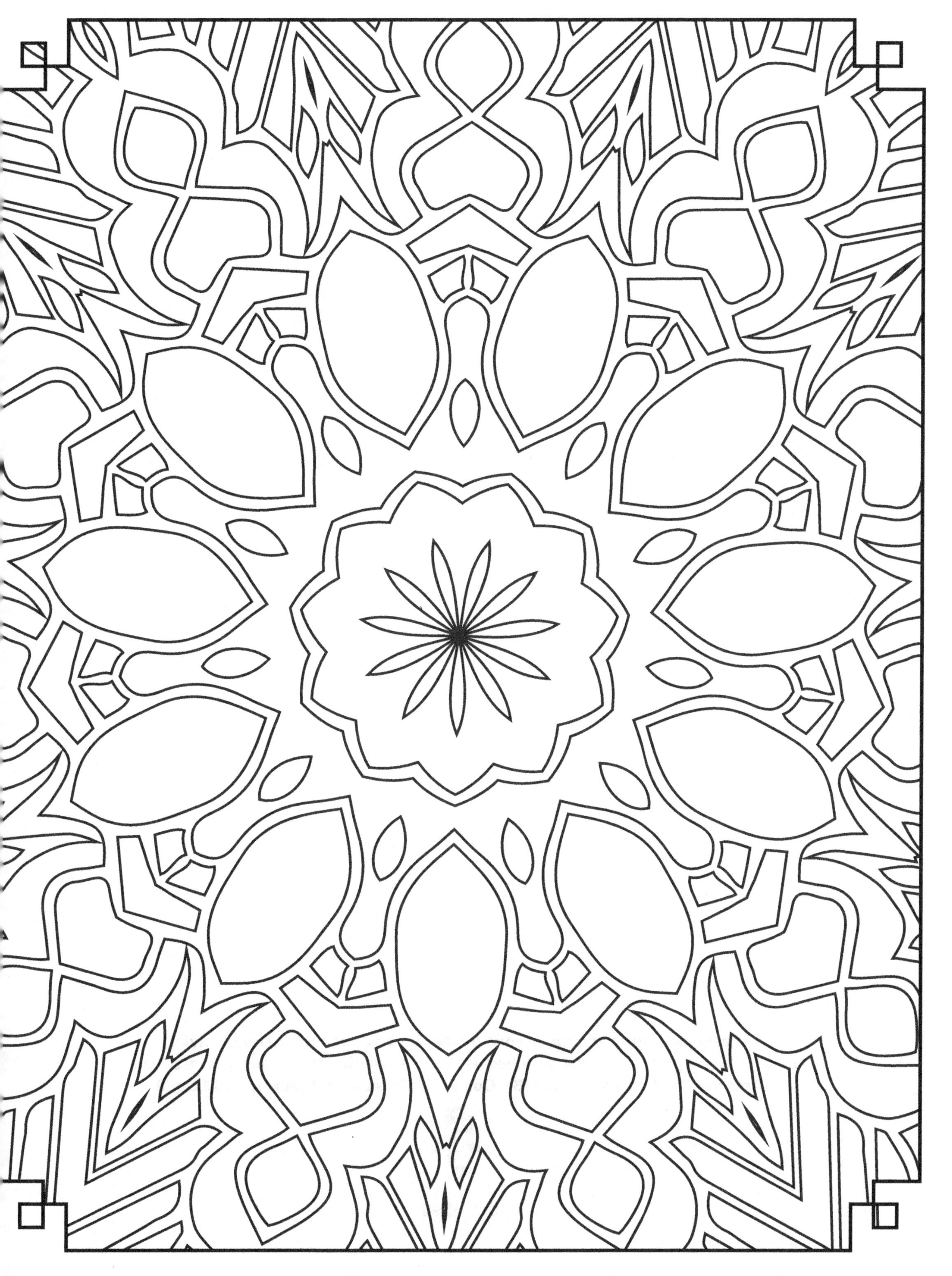

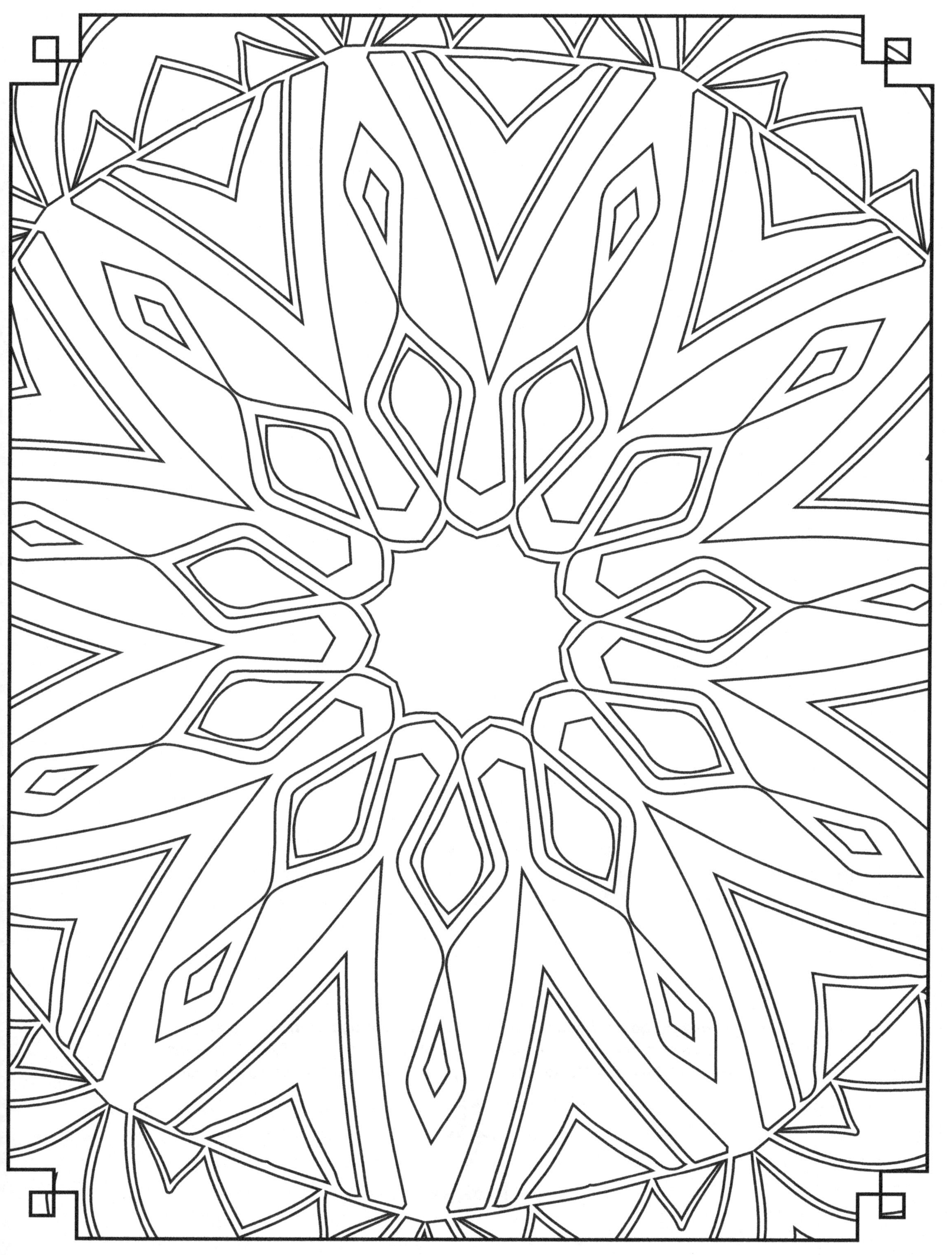

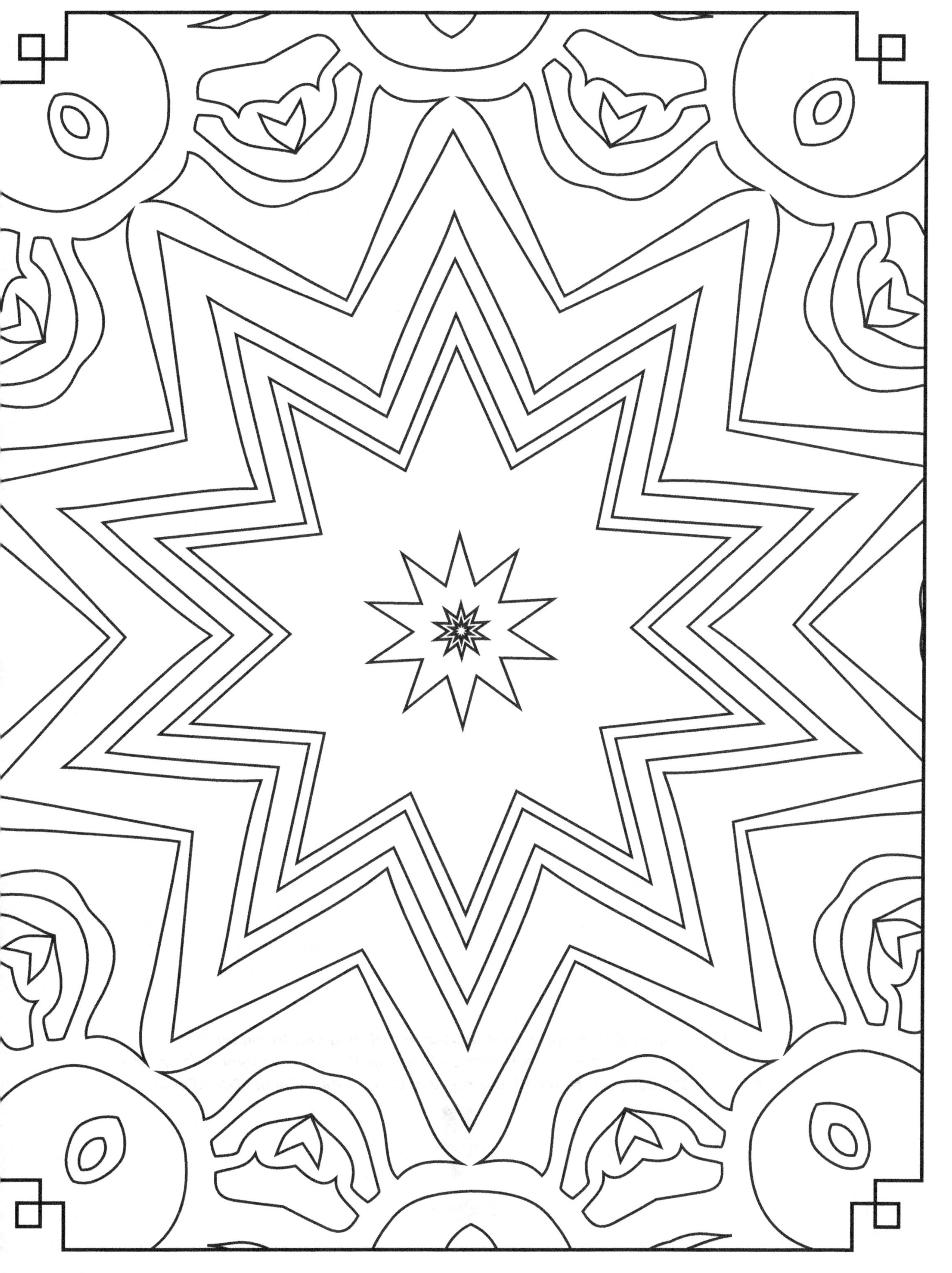

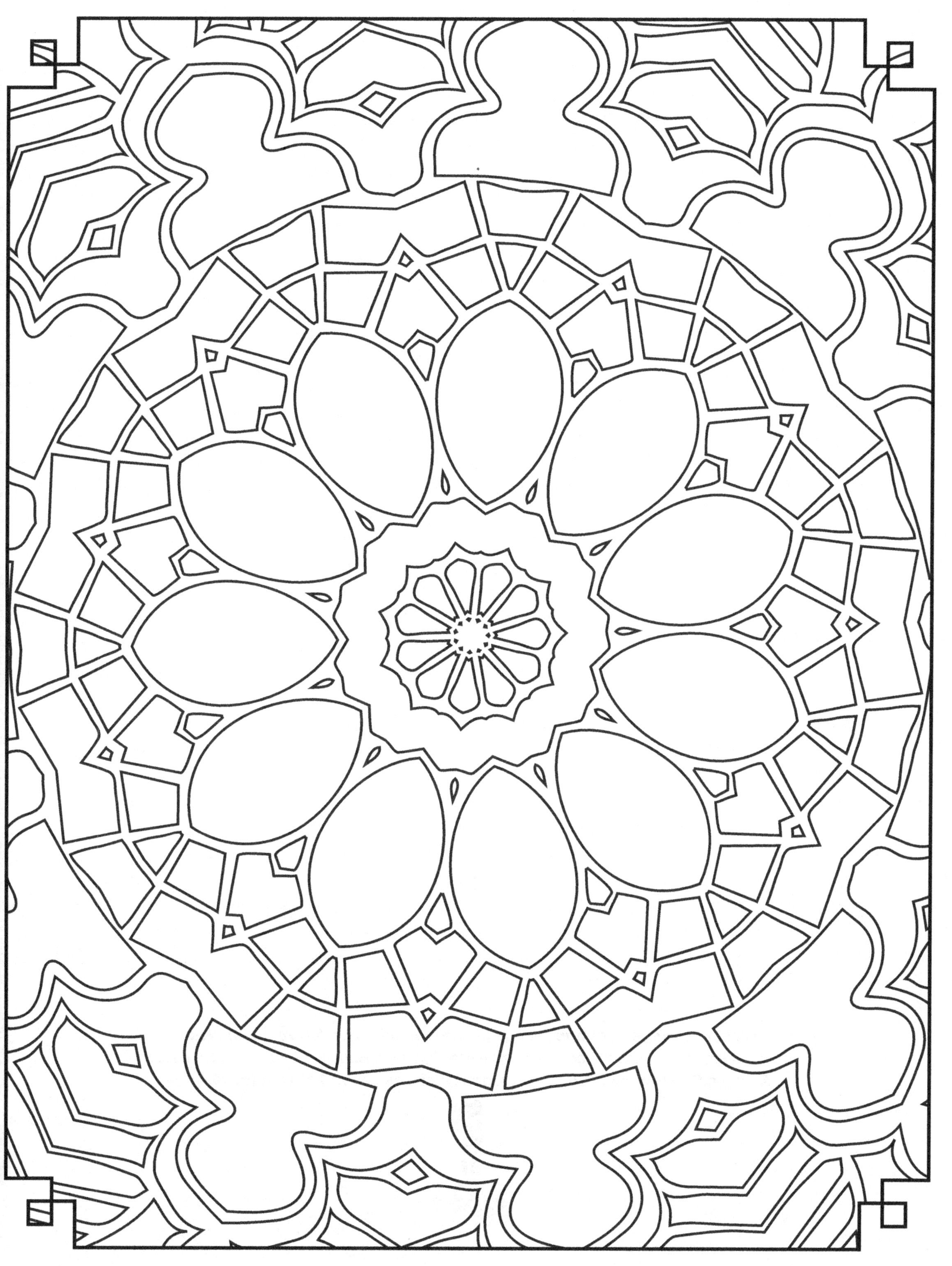

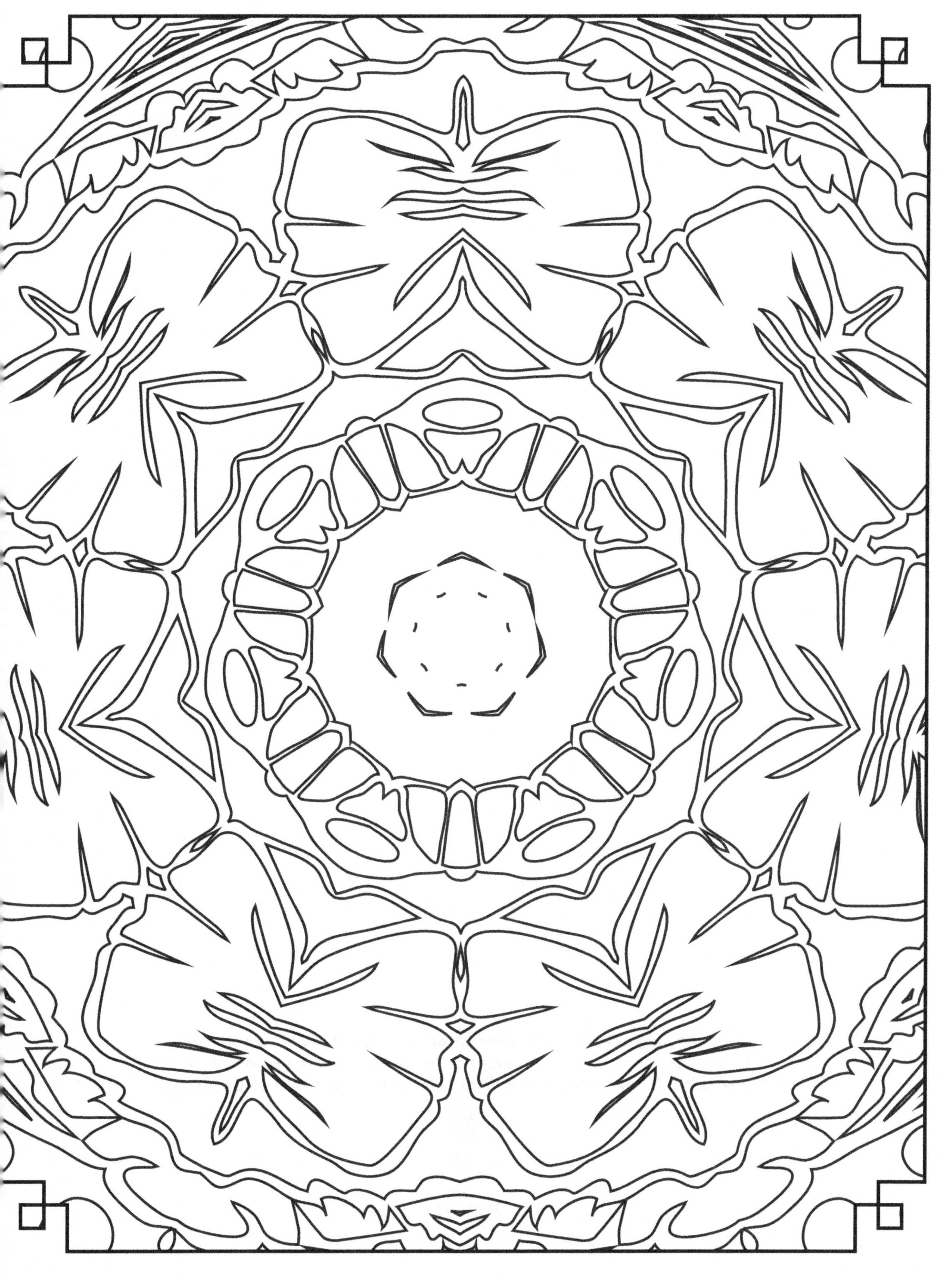

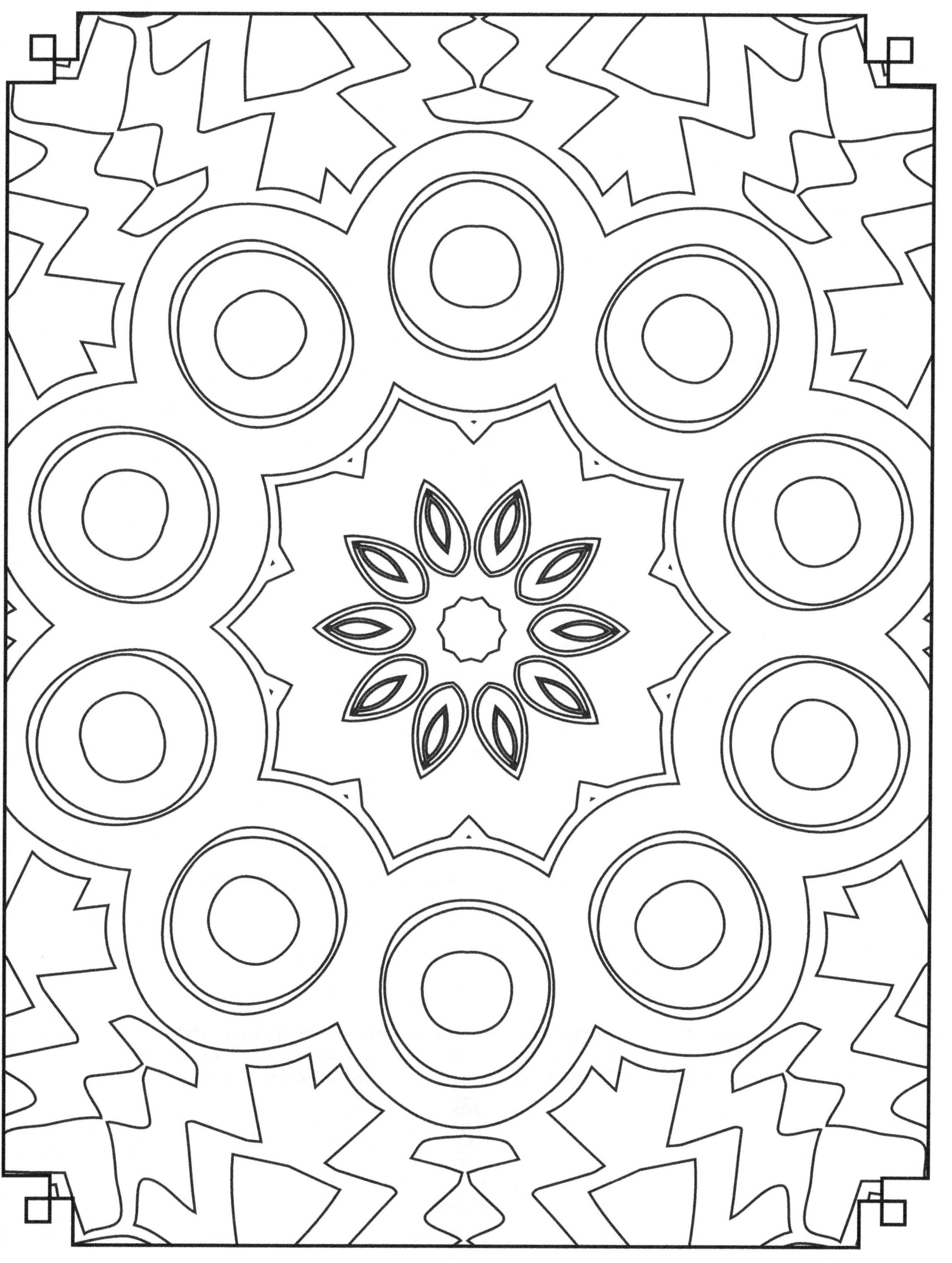

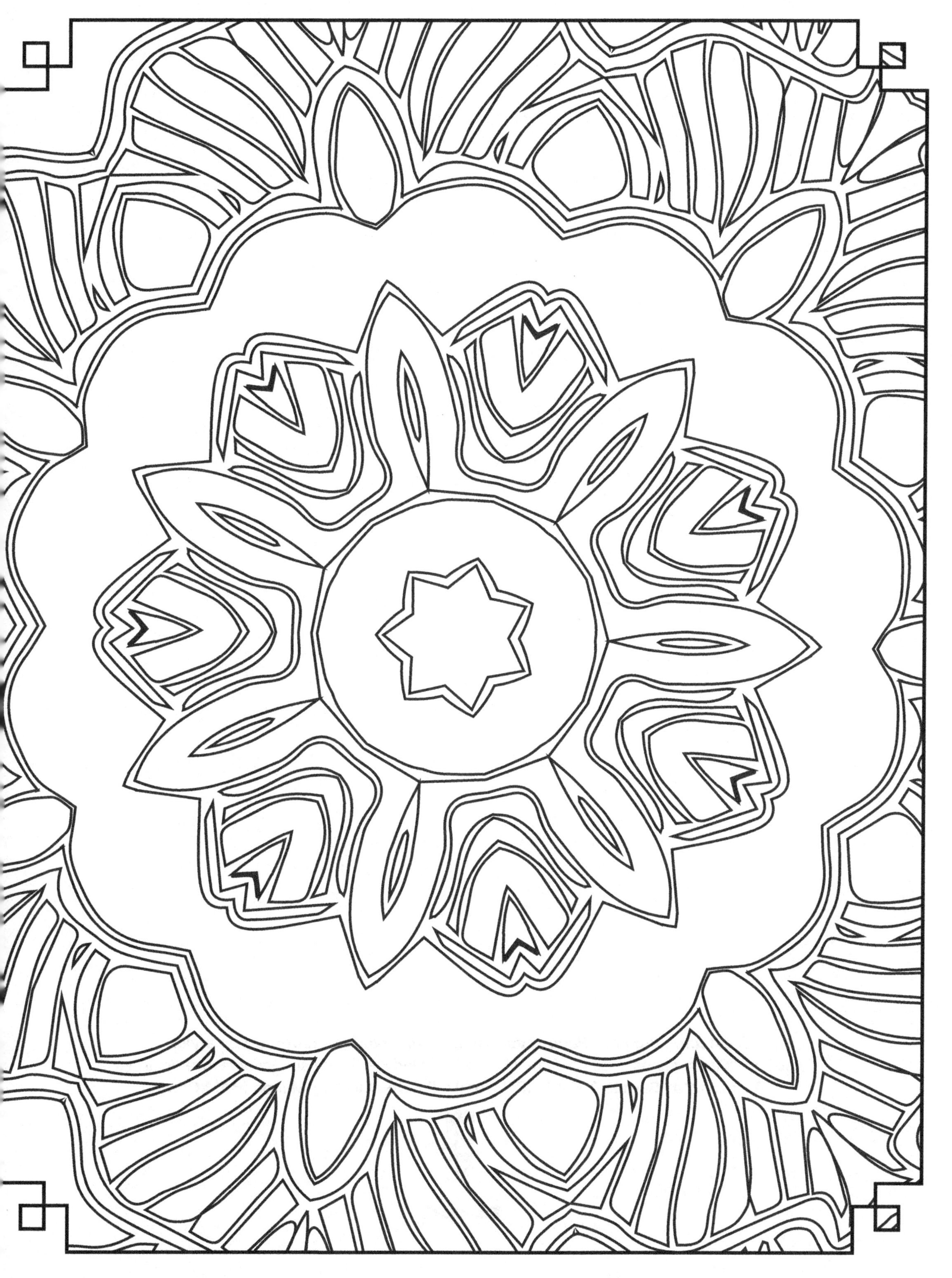

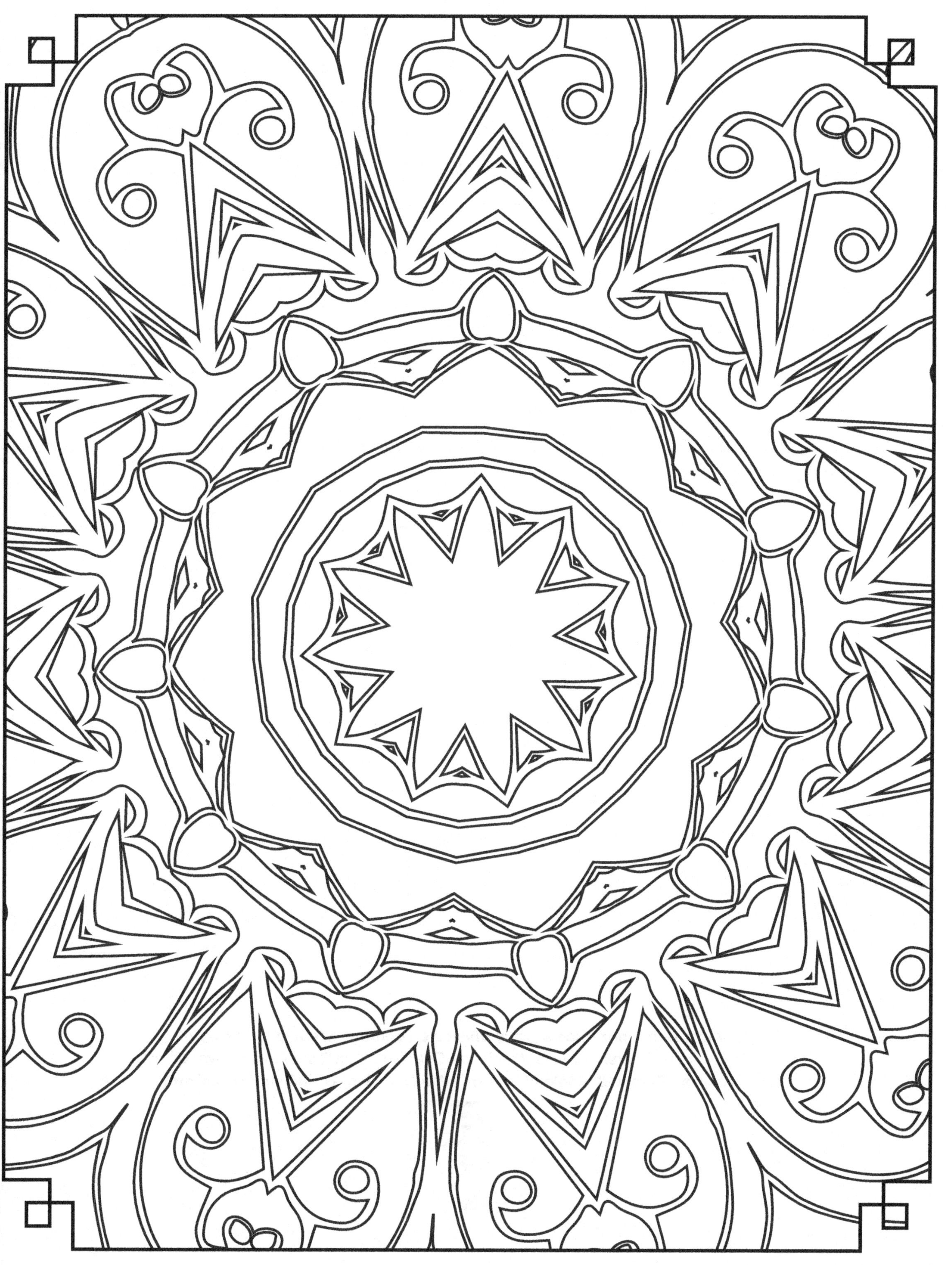

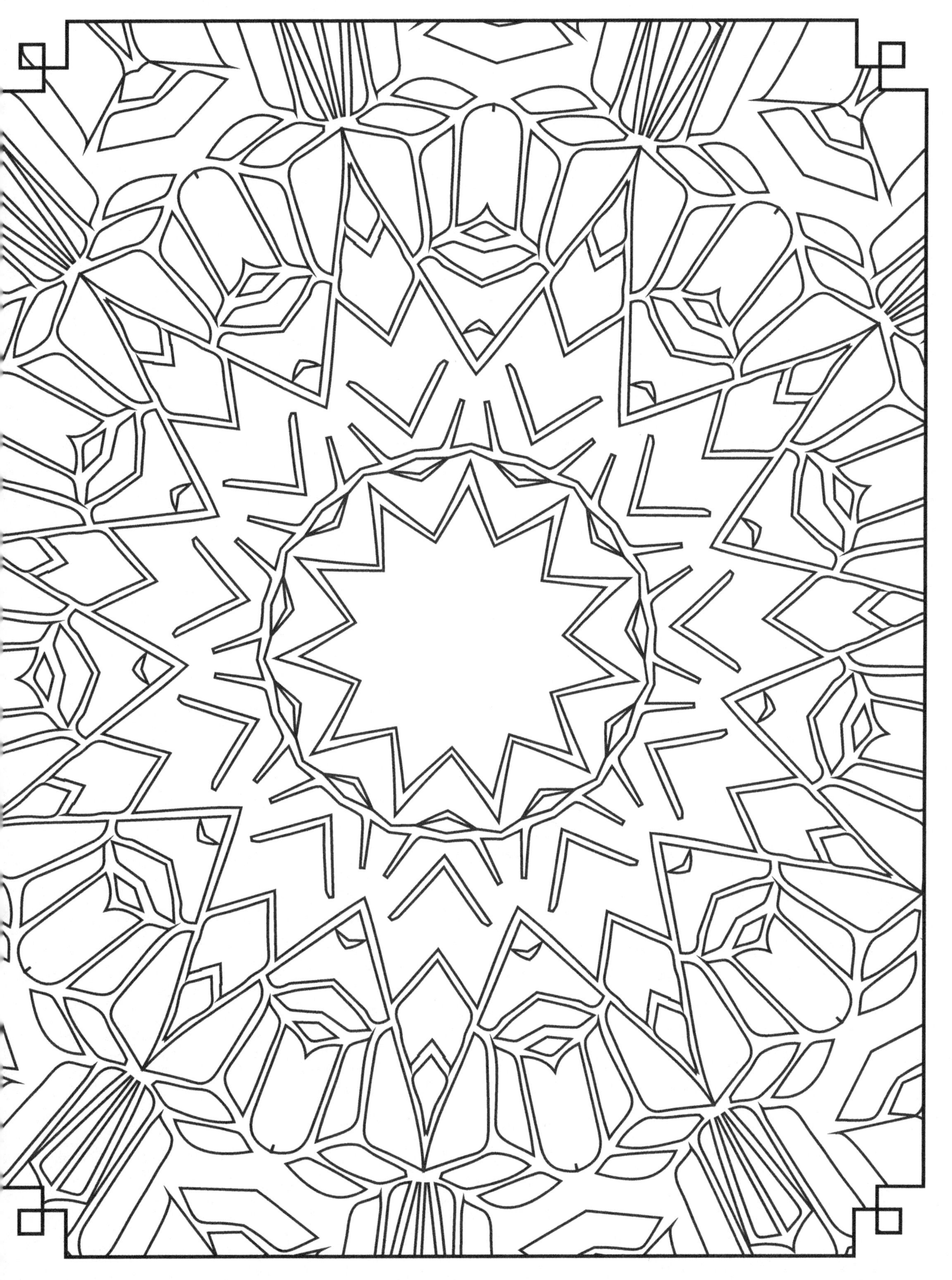

Made in the USA
Monee, IL
07 July 2026

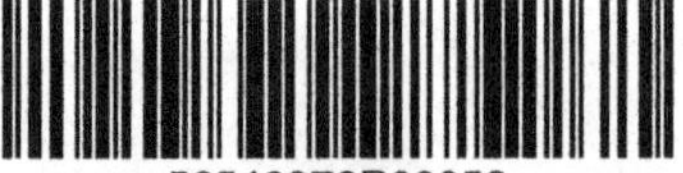